中等职业教育“十四五”规划教材
职业教育课程改革规划创新教材

会计记账基本技能训练

主　编：徐学英　劳文鹤
副主编：潘　誉　葛秀峰

U0808428

中国石化出版社
HTTP://WWW.SINOPEC-PRESS.COM
中国经济出版社
CHINA ECONOMIC PUBLISHING HOUSE
·北京·

内 容 提 要

本书以财政部《小企业会计准则》和《会计基础工作规范》为依据，选取立信办公家具有限公司部分典型经济业务作为单项技能训练的资料，要求学生根据有关会计事项进行会计基础单项训练；综合实训以该公司完整的经济业务为综合的资料，要求学生根据有关经济业务事项完成整套会计核算程序。本教材每部分内容均包括实训目标、实训要求、实训准备、训练提示、实训资料，并附有各种实训用证、账、表格，内容完整、全面，层次清晰，可操作性强。

本书适合职业院校财经类专业学生和在职财务人员参考使用。

图书在版编目(CIP)数据

会计记账基本技能训练 / 徐学英，劳文鹤主编. —
北京：中国石化出版社，2024.2
ISBN 978-7-5114-7430-8

Ⅰ.①会… Ⅱ.①徐… ②劳… Ⅲ.①会计学-中等专业学校-教材 Ⅳ.①F230

中国国家版本馆 CIP 数据核字(2024)第 040655 号

未经本社书面授权,本书任何部分不得被复制、抄袭,或者以任何形式或任何方式传播。版权所有,侵权必究。

中国石化出版社出版发行

地址:北京市东城区安定门外大街 58 号
邮编:100011 电话:(010)57512500
发行部电话:(010)57512575
http://www.sinopec-press.com
E-mail:press@sinopec.com
北京富泰印刷有限责任公司印刷
全国各地新华书店经销

*

787 毫米×1092 毫米 16 开本 13.75 印张 318 千字
2024 年 3 月第 1 版 2024 年 3 月第 1 次印刷
定价:46.00 元

前言

preface

《会计记账基本技能训练》是为符合中职学校会计专业学生培养目标，提高学生技能水平，拉近学生与会计实际工作的距离，进一步提高教学质量而编写的教材。在教材编写时，编者充分考虑了中职学生的基础和特点，弱化理论讲解，强化实作训练，让学生在模拟实训中，进一步巩固所学的会计基本理论，熟练掌握会计核算的基本操作方法和技能，为培养高级应用型会计人才奠定基础。

本教材以财政部2013年1月1日起执行的《小企业会计准则》和《会计基础工作规范》为依据，选取立信办公家具有限公司部分典型经济业务作为单项技能训练的资料，要求学生根据有关会计事项进行会计基础单项训练；综合实训以该公司完整的经济业务为资料，要求学生根据有关经济业务事项完成整套会计核算程序。

本教材作为会计实践教学用书，有较强的实践性和系统性。在结构上，每部分内容均包括实训目标、实训要求、实训准备、训练提示、实训资料，并附有各种实训用证、账、表格，内容完整、全面，层次清晰，可操作性强。在教学组织上单项训练可与“基础会计”课程同步配套使用，综合训练可以在“基础会计”课程结束后，在进行分段集中操作训练时使用。

本教材由重庆市立信职业教育中心徐学英、劳文鹤担任主编，潘誉、葛秀峰担任副主编。

由于编者水平所限，书中如有缺点和不足，恳请有关专家和读者批评指正。

编　者

2023年6月1日

contents

目录

模块一　技能评价与企业认知

项目一　技 能 评 价

一、会计记账基本技能训练的目标

会计记账基本技能训练的目标如表 1-1 所示。

表 1-1　会计记账基本技能训练的目标

知识目标	理解原始凭证、记账凭证、科目汇总表、会计账簿和会计报表的作用
	在《会计记账基本技能训练》理论学习的基础上，进一步理解借贷记账法的记账原理和方法
	掌握会计凭证的填制与审核、会计账簿的登记、试算平衡表的编制、错账更正、结账、利润表和简单资产负债表的编制
	掌握记账凭证账务处理程序
	学会装订会计凭证及整理归档会计档案
能力目标	具备使用记账凭证账务处理程序进行账务处理的能力
	具备认识原始凭证、填制并审核会计凭证和试算平衡表的能力
	具备组织并登记账簿的基本能力
	具备编制利润表和资产负债表的初步能力
课程思政目标	初步认识会计职业道德中“爱岗敬业、熟悉法规、依法办事、客观公正、搞好服务、保守秘密”的内涵
	具备一定沟通能力和组织协调能力

二、会计记账基本技能训练的内容

会计记账基本技能训练的内容如表 1-2 所示。

表 1-2　会计记账基本技能训练的内容

单项技能训练	数字的书写训练
	原始凭证的填制与审核
	记账凭证的填制与审核
	试算平衡表的编制
	账簿的设置与登记
	资产负债表和利润表的编制
	会计凭证的装订及会计档案的归档保管
综合技能训练	记账凭证账务处理程序

三、会计记账基本技能训练的要求

会计记账基本技能训练的要求如表 1-3 所示。

表 1-3　会计记账基本技能训练的要求

实训前	学习“基础会计”课程的理论知识
	学习本教材的训练提示
实训中	认真观察演示
	以企业财务部门实际使用的账、证、表为实训用品
	按照标准、规范格式进行文字、数字书写
	用计算器作为计算工具
实训后	将各种会计资料装订归档
	撰写不少于 1 000 字的实训报告

四、会计记账基本技能训练的方法

(1) 明确实训任务和要求。

(2) 分析实训经济业务的内容、性质、类别及所需原始凭证。

(3) 找出或补充实训业务所需原始凭证并审核。

(4) 根据审核无误的原始凭证编制记账凭证并审核。

(5) 根据记账凭证登记账簿。

(6) 试算平衡。

(7) 对账、错账更正、结账。

(8) 根据账簿资料编制会计报表(资产负债表和利润表)。

五、会计记账基本技能训练的考评

为了达到良好的教学效果，教师应着重对技能训练全过程进行考核评估。因此，教师将实训考评分为过程考评和结果考评两个方面。其中，过程考评占 40%，结果考评占 60%。

(一) 实训过程考评

(1) 及时性 10 分。根据教学计划将本课程分为四个阶段，每个阶段结束时进行一次检查。前三次检查的分值均为 2 分，每延长一个阶段扣 1 分，超过一个阶段不得分；第四次检查的分值为 4 分，没完成进度不得分。

(2) 规范性 15 分。填制凭证、登记账簿必须符合规范要求，如不符合要求每处扣 1 分，扣完 10 分为止。

(3) 实训态度 10 分。学生上课必须认真听讲，积极讨论，主动提出问题，按时完成实训，不能抄袭他人作业。

(4) 实训纪律 5 分。学生应遵守实训纪律，实训期间不得迟到早退、无故缺课。

(二) 实训结果考评

(1) 原始凭证的填制和审核 15 分，每错一处扣 0. 5 分，扣完为止。

(2) 经济业务的账务处理、记账凭证的填制和审核 15 分，每错一处扣 0. 5 分，扣完为止。

(3) 账簿登记 15 分，每错一处扣 0.5 分，扣完为止。

(4) 报表编制 5 分，每错一处扣 0.5 分，扣完为止。

(5) 会计档案装订 3 分，每一处不规范扣 0.5 分，扣完为止。

(6) 实训报告写作 7 分(实训报告包括实训目的、实训内容、实训收获等基本要素，由指导老师根据报告质量给分)。

项目二　企 业 认 知

一、企业总体情况

立信办公家具有限公司的总体情况如表 1-4 所示。

表 1-4　立信办公家具有限公司的总体情况

企业全称		立信办公家具有限公司
地址，电话		临江市经济技术开发区玉秀路 18 号，0439-55645443
主营业务		办公桌椅及实木沙发生产与销售
法人代表		张胜利
开户银行及账号		工行临江市经济技术开发区和平路支行，1102027654321234567
纳税人识别号		50078620789987666E
记账方法及账务处理程序		借贷记账法，记账凭证账务处理程序
财务科	财务主管(兼审核)	丁一
	会计(兼开票)	吕凤
	出纳	王宁
仓库管理员		李欢
车间主任		覃胜

二、企业各职能部门的构成

企业职能部门的构成如图 1-1 所示。

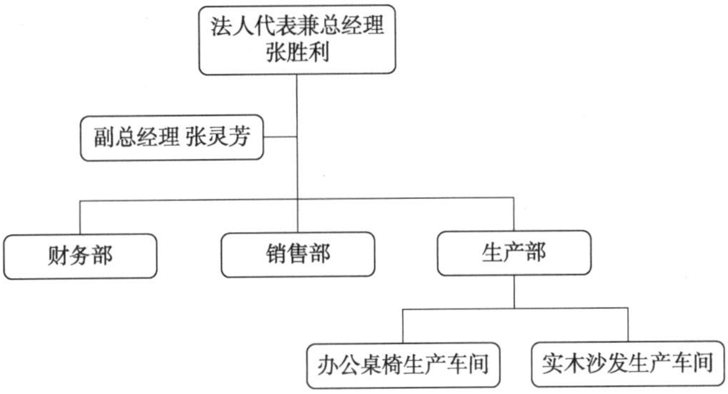

图 1-1　企业职能部门的构成

三、企业财务制度及有关说明

立信办公家具有限公司是适用小企业会计准则的一般纳税人，其财务制度及说明如表1-5所示。

表1-5 立信办公家具有限公司的财务制度及说明

流动资产	库存现金：限额20 000元
	原材料：发出材料的实际成本于月末根据"领料单"编制"领料凭证汇总表"一次结转
	库存商品：入库产品于月末根据产品入库单和"产品成本计算表"一次结转，发出产品于月末根据"发货单"编制"发出产品成本计算表"一次结转
固定资产	固定资产折旧除了汽车采用工作量法，其余固定资产均采用平均年限法。其中，办公用电脑月折旧率2%，机器设备月折旧率1.5%，房屋建筑物月折旧率0.4%。所有固定资产预计净残值率为5%
成本计算	各种费用分配率精确到0.000 1
	生产成本设直接材料、直接人工、制造费用、其他四个成本项目
税费	增值税：本企业为一般纳税人，增值税税率为13%
	城市维护建设税、教育费附加、地方教育费附加分别为7%、3%、2%
	所得税：税率为25%
其他	法定盈余公积：提取比例为10%
	年终，将净利润的80%按投资者出资比例分配给投资者

四、综合技能训练需准备的实训用品

需准备的实训用品，如表1-6所示。

表1-6 需准备的实训用品

实训用品	数量	实训用品	数量
档案袋	1个	通用记账凭证	2本
红色财会专用笔或钢笔	1支	科目汇总表	3张
黑色财会专用笔或钢笔	1支	账户目录	2张
回形针	1盒	三栏式账页	1本
直尺	1把	六栏（或七栏）式账页	10张
计算器	1个	十三栏（或十六栏）式账页	6张
私人印章	1个	固定资产明细账页	5张
账夹（含账簿启用表）	1副	数量金额式账页	10张
凭证封皮、封底	各1张	应交增值税明细账页	4张
包角纸	2张		

注：各种活页账应全部采用带三个装订孔的大账页或全部采用带两个装订孔的大账页。

模块二　单项技能训练

项目一　数字书写技能训练

实训准备：账页、黑色财会专用笔或钢笔

实训目标：

- 掌握阿拉伯数字的标准写法；
- 掌握会计工作中小写金额的标准写法；
- 掌握会计工作中大写金额的标准写法；
- 掌握大写日期的标准写法。

实训要求：大小金额及大写日期要字迹工整清晰、位置适当、字体标准、书写规范。

任务一　阿拉伯数字的书写

活动一：根据已有知识，在表 2-1 中书写阿拉伯数字。

表 2-1　阿拉伯数字书写练习表

活动二：根据训练提示关于阿拉伯数字书写的基本要求，在表 2-2 中书写阿拉伯数字。

表 2-2　阿拉伯数字书写练习表

千	百	十	万	千	百	十	元	角	分	千	百	十	万	千	百	十	元	角	分	千	百	十	万	千	百	十	元	角	分	千	百	十	万	千	百	十	元	角	分

训练提示：

会计工作中阿拉伯数字书写基本要求：

（1）数字的写法：自上而下，先左后右，要一个一个地写，不得连写。

（2）字体要做到：大小均匀、位置适当、字体标准、书写规范、字迹工整清晰。

（3）6、8、9、0 数字的圆圈处必须封口。

阿拉伯数字参考字体如图 2-1 所示。

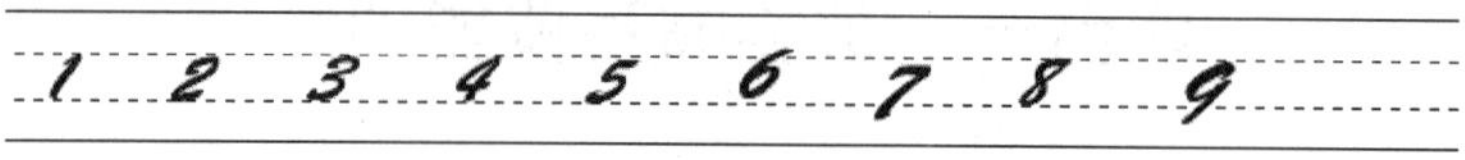

图 2-1　阿拉伯数字参考字体

任务二　小写金额的书写

活动一：请在表 2-3 中写出不带数位分隔线的小写金额。

表 2-3　不带数位分隔线的小写金额书写练习表

大写金额	小写金额
人民币贰拾叁万肆仟元整	
人民币伍拾贰万零柒拾捌元整	
人民币陆拾玖元伍角整	
人民币柒元捌角壹分	
人民币玖角整	
人民币肆佰元零壹分	

活动二：请在表 2-4 中写出带有数位分隔线的小写金额。

表 2-4　带有数位分隔线的小写金额书写练习表

大写金额	小写金额																
	百	十	万	千	百	十	亿	千	百	十	万	千	百	十	元	角	分
人民币陆佰贰拾肆万柒仟玖佰伍拾叁元整																	
人民币壹拾万零捌元整																	
人民币玖角陆分																	
人民币叁拾伍万壹仟元肆角																	
人民币柒佰零陆元零叁分																	
人民币贰角整																	

训练提示：

一、带有数位分隔线的账、证、表上小写金额的书写

（1）数字要站稳：要紧靠在行格的底线书写。

（2）数字要小：高度最高不超过行高的三分之二，不得上下满格，以便改错。

（3）字体要斜：数字要自右上方向左下方倾斜地写，斜度55度至60度。

（4）字体匀称：字体大小一致，除了“7”和“9”要向左下方（过底线）长出四分之一，“6”字的竖要上伸过顶线的四分之一处，其余数字上、下均在一条线上，且字与字间的距离要相同，大约空出半个数字的位置。

（5）后面空格要写完：从最高位起，以后各格必须写完，如肆仟伍佰元整，在账页或凭证上填写如图2-2所示。

亿	千	百	十	万	千	百	十	元	角	分
					4	5	0	0	0	0

图2-2　账页或凭证的书写效果图

（6）不能乱用人民币符号：账、表上均不用人民币符号；记账凭证上除了合计，不用人民币符号；原始凭证和银行票据应按要求规范使用人民币符号。

二、不带数位分隔线的小写金额书写

（1）阿拉伯金额数字前面应当书写货币币种符号，且币种符号与阿拉伯金额数字之间不得留有空白。凡阿拉伯金额数字前写有币种符号的，数字后面不再写货币单位。例如：人民币伍佰柒拾捌元整，小写为￥578.00。

（2）所有以“元”为单位（其他货币种类为货币基本单位，下同）的阿拉伯数字，除了表示单价等情况，一律填写到角分；无角分的，角位和分位可写“00”，或者用符号“-”代替；有角无分的，分位应当写“0”，不得用符号“-”代替。例如：人民币贰仟叁佰陆拾肆元整，小写为￥2 364.00或￥2 364.-；人民币贰仟叁佰陆拾肆元玖角，应该写为￥2 364.90，但不能写为￥2 364.9-。

任务三　大写金额的书写

活动一：请在表2-5中写出对应金额的大写金额。

表2-5　大写金额书写练习表

小写金额	大写金额
￥100 490.00	
￥25 800.09	
￥234 000.60	
￥1 176 899.73	
￥0.80	

活动二：请在表2-6中写出对应金额的大写金额。

表2-6　大写金额书写练习表

小写金额	大写金额									
￥100 490.00	人民币	佰	拾	万	仟	佰	拾	元	角	分
￥25 800.09	人民币	佰	拾	万	仟	佰	拾	元	角	分
￥234 000.60	人民币	佰	拾	万	仟	佰	拾	元	角	分
￥1 176 899.73	人民币	佰	拾	万	仟	佰	拾	元	角	分
￥0.80	人民币	佰	拾	万	仟	佰	拾	元	角	分

训练提示：

会计工作中，大写数字写法基本要求：

（1）不允许使用未经国务院公布的简化字或谐音字。

（2）大写数字要用正楷字或行书，不得连笔。

（3）字体要大小均匀，字迹工整且清晰，排列均匀。

（4）大写数字字体如图 2-3 所示。

壹	贰	叁	肆	伍	陆	柒	捌	玖	拾	佰	仟	万	元	角	分	零
壹	贰	叁	肆	伍	陆	柒	捌	玖	拾	佰	仟	万	元	角	分	零

图 2-3　大写数字字体参照表

金额大写的写法和读法一致，即怎么读怎么写，具体如下：

一、未预印大写金额位置时大写金额书写

（1）大写金额数字前未印有货币名称的，应当加填货币名称，货币名称与金额数字之间不得留有空白。

（2）小写金额数字中间有“0”时，大写金额数字要写“零”字；小写金额数字中间连续有几个“0”时，大写金额中可以只写一个“零”字，如￥23 004.54 写为：人民币贰万叁仟零肆元伍角肆分；小写金额数字元位是“0”，或者数字中间连续有几个“0”、元位也是“0”但角位不是“0”时，大写金额数字可以只写一个“零”字，也可以不写“零”字，如￥23 000.40 写为：人民币贰万叁仟元零肆角整，或写为：人民币贰万叁仟元肆角整。

（3）大写金额数字到元或者角为止的，在“元”或者“角”字之后应当写“整”字或者“正”字；大写金额数字有分的，分字后面不写“整”或者“正”字。如￥7 900.00 写为：人民币柒仟玖佰元整；￥7 009.00 写为：人民币柒仟零玖元整；￥7 000.90 写为：人民币柒仟元零玖角整，或写为：人民币柒仟元玖角整。

二、预印有大写金额位置时大写金额书写

最高位前面金额有空位的用⊗代替，后面不读数字的地方用零填写。如￥7 009.00 写为：“人民币⊗拾⊗万柒仟零佰零拾玖元零角零分”。

任务四　大写日期的书写

活动：请在表 2-7 中写出对应日期的大写日期。

表 2-7　大写日期书写训练表

小写日期	大写日期
1 月 5 日	
2 月 14 日	
3 月 20 日	
10 月 30 日	
6 月 28 日	

训练提示：

银行票据的出票日期必须使用中文大写。为防止变造票据的出票日期，在填写月、日时，月为壹、贰和壹拾的，日为壹至玖、壹拾、贰拾和叁拾的，应在其前加“零”，日为拾壹至拾玖的应在其前加“壹”，例如 1 月 15 日应写为：零壹月壹拾伍日，又如 10 月 20 日应写为：零壹拾月零贰拾日。

项目二　原始凭证技能训练

实训准备：财会专用签字笔(或钢笔)

实训目标：原始凭证是证明经济业务已经发生、须明确各方经济责任并据以记账的原始依据，包括外来原始凭证和自制原始凭证。根据立信办公家具有限公司 2021 年 11 月发生的部分经济业务所涉及的原始凭证，填制相关外来原始凭证和自制原始凭证，掌握常用原始凭证的填制技能，并通过审核原始凭证更好地掌握填制原始凭证的要求与方法，学会分析常用原始凭证。完成本项目的学习后，你将有以下收获：

- 掌握现金支票、转账支票、进账单、收据、发票、费用报销单、差旅费报销单、收料单、产品入库单、领料单、领料凭证汇总表、产品出库单、商业汇票、库存现金盘点表等原始凭证的填写方法；
- 认识完工产品成本计算表、销售产品成本计算表、工资结算汇总表的填写方法；
- 能够熟练地审核常用的原始凭证。

实训要求：掌握相关原始凭证的填制与审核。

任务一　填写现金支票

现金支票是用于支取现金的一种支票。现金支票由存款人签发，可以到银行为本单位提取现金，也可以签发给其他单位和个人，用来办理结算或者委托银行代为支付现金给收款人。

请通过观察现金支票的票样，根据填写要求，学习如何正确填写现金支票。

实例 2-1　2021 年 11 月 1 日，立信办公家具有限公司开出现金支票提取现金 20 000 元备用，签发现金支票如图 2-4、图 2-5 所示。

训练提示：

1. 签发流程

（1）出票：客户根据本单位的情况，签发现金支票，加盖预留银行印鉴。

（2）提示付款：收款人持现金支票到出票人开户行提示付款。收款人提示付款时，应在现金支票背面“收款人签章”处签章，持票人为个人的，还需交验本人身份证件，并在现金支票背面注明证件名称、号码及发证机关。

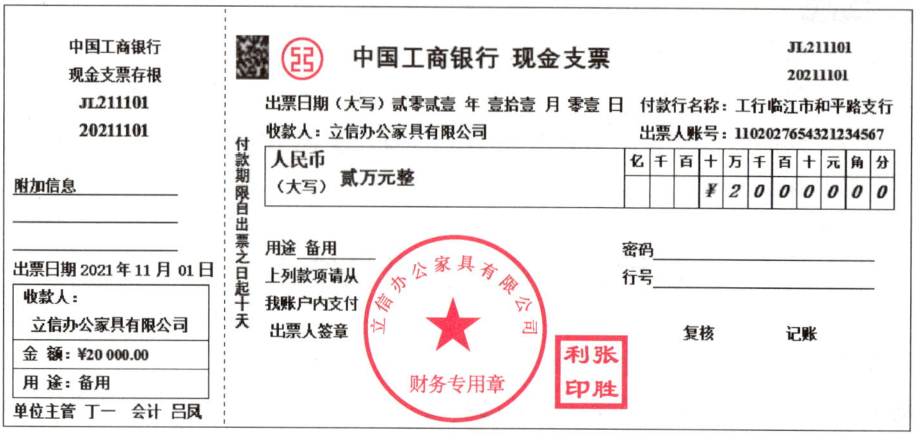

中国工商银行
现金支票存根
JL211101
20211101

附加信息

出票日期 2021 年 11 月 01 日
收款人：立信办公家具有限公司
金 额：¥20 000.00
用 途：备用
单位主管 丁一 会计 吕凤

中国工商银行 现金支票 JL211101 20211101

出票日期（大写）贰零贰壹 年 壹拾壹 月 零壹 日 付款行名称：工行临江市和平路支行
收款人：立信办公家具有限公司 出票人账号：11020276543212345 67

付款期限自出票之日起十天

人民币（大写）	亿	千	百	十	万	千	百	十	元	角	分
贰万元整				¥	2	0	0	0	0	0	0

用途 备用
上列款项请从
我账户内支付
出票人签章
密码
行号
复核 记账

立信办公家具有限公司 财务专用章
利张 印胜

图 2-4 现金支票(正面)

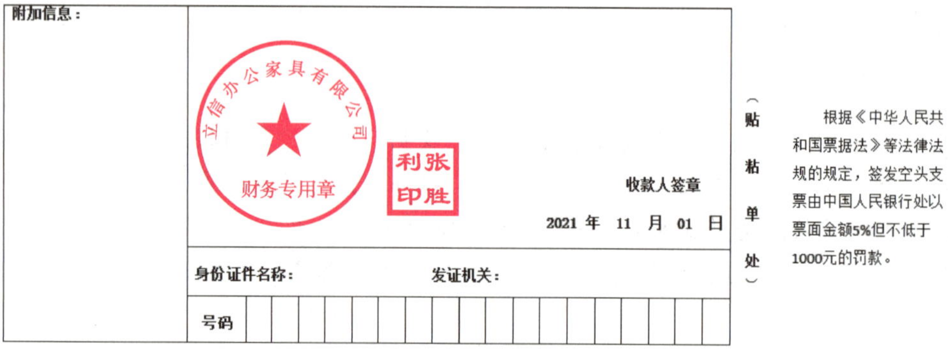

附加信息：

立信办公家具有限公司 财务专用章
利张 印胜
收款人签章
2021 年 11 月 01 日
身份证件名称： 发证机关：
号码

（贴粘单处）

根据《中华人民共和国票据法》等法律法规的规定，签发空头支票由中国人民银行处以票面金额5%但不低于1000元的罚款。

图 2-5 现金支票(背面)

（3）领取现金：收款人凭现金支票正本支取现金，其存根则留作企业记账的依据。

（4）挂失止付：现金支票丧失，失票人需要挂失止付的，应填写挂失止付通知书并签章，挂失止付通知书由银行提供，同时按标准交费。

2. 支票的使用常识

（1）购买支票：客户应在现金支票领用单上加盖预留银行印鉴，同时按标准交费，领取空白现金支票。

（2）签发现金支票：客户应按照《支付结算办法》和《正确填写票据和结算凭证的基本规定》进行记载，并用钢笔蘸墨汁或黑色碳素笔按排定的页次顺序填写。

（3）支票作废：支票正面不能有涂改痕迹，否则本支票作废。作废的支票不得扯去，应由签发单位自行注销，与存根折在一起保管。客户结清销户时，应连同未用空白支票一并缴还银行。

（4）内容补记：收票人如果发现支票填写不全，可以补记，但不能涂改。《中华人民共和国票据法》(以下简称《票据法》)规定了两项绝对记载事项，可以通过授权补记的方式记载，即支票的金额、收款人名称。这两项可以由出票人授权补记，未补记前不得背书转让和提示付款。

（5）提示付款：支票提示付款期限为 10 天，从签发支票的次日算起，到期日如遇节假日顺延。从支票开票日开始到第 10 天这段时间，持票人应到银行柜台转账或支取现金。超过提示付款期限的，支票无效，银行不予受理。因此，签发支票必须填写实际出票日期，不得签发远期支票。

3. 支票的填制要求

（1）日期：必须使用汉字大写，以防涂改。

（2）付款行名称、出票人账号：本单位开户银行名称及银行账号（账号书写用小写的阿拉伯数字）。

（3）收款人：现金支票收款人可以写为本单位名称。这时现金支票背面“被背书人”栏内加盖本单位的财务专用章和法人章（与预留银行印章一致），之后收款人可凭现金支票直接到开户的银行领取现金（银行有联网营业点的，可到联网营业点直接取款，具体视联网覆盖范围而定）。

现金支票收款人可以是个人，此时现金支票背面不盖任何章，收款人在现金支票背面填上身份证号码和发证机关名称，凭身份证和现金支票签字领款。

（4）人民币的大写、小写：参照本模块项目一的任务二、任务三。

（5）用途：“用途”栏如实填写。

现金支票的用途有一定限制，一般填写“备用金”“差旅费”“工资”“劳务费”等。转账支票的用途没有具体规定，可填写如“货款”“代理费”等。

（6）出票人签章：支票正面盖财务专用章和法人章（与预留银行印章一致），缺一不可，印泥为红色，印章必须清晰可见。印章模糊的，只能将本张支票作废，换一张重新填写盖章。反面盖章与否见“（3）收款人”。

活动一：根据本任务的实例和训练提示，完成现金支票的填写。

2021 年 11 月 2 日，立信办公家具有限公司开出现金支票提取现金 100 000 元备发上月工资，完成图 2-6、图 2-7 的填写。

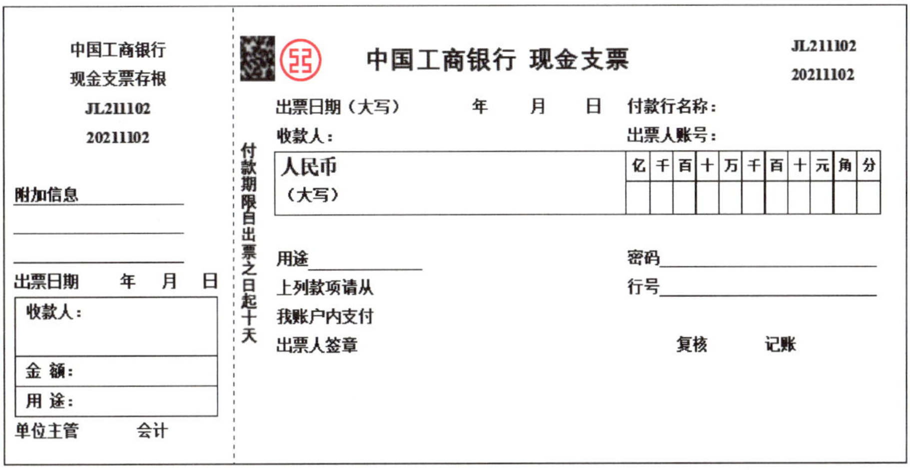

中国工商银行
现金支票存根
JL211102
20211102

附加信息

出票日期　年　月　日

收款人：

金　额：

用　途：

单位主管　会计

中国工商银行　现金支票　JL211102　20211102

出票日期（大写）　年　月　日　付款行名称：

收款人：　出票人账号：

付款期限自出票之日起十天

人民币（大写）	亿	千	百	十	万	千	百	十	元	角	分

用途　密码

上列款项请从　行号

我账户内支付

出票人签章　复核　记账

图 2-6　现金支票（正面）

附加信息：

收款人签章

年 月 日

身份证件名称： 发证机关：

号码

（贴粘单处）

根据《中华人民共和国票据法》等法律法规的规定，签发空头支票由中国人民银行处以票面金额5%但不低于1000元的罚款。

图 2-7 现金支票(背面)

活动二：（拓展与提高）比一比谁填写的现金支票更规范、正确。

2021 年 11 月 10 日，立信办公家具有限公司开出现金支票提取现金 2 000 元备用，完成图 2-8、图 2-9 的填写。

中国工商银行
现金支票存根
JL211110
20211110

附加信息

出票日期 年 月 日

收款人：

金 额：

用 途：

单位主管 会计

付款期限自出票之日起十天

中国工商银行 现金支票

JL211110
20211110

出票日期（大写） 年 月 日 付款行名称：

收款人： 出票人账号：

人民币（大写）	亿	千	百	十	万	千	百	十	元	角	分

用途

密码

上列款项请从

行号

我账户内支付

出票人签章 复核 记账

图 2-8 现金支票(正面)

附加信息：

收款人签章

年 月 日

身份证件名称： 发证机关：

号码

（贴粘单处）

根据《中华人民共和国票据法》等法律法规的规定，签发空头支票由中国人民银行处以票面金额5%但不低于1000元的罚款。

图 2-9 现金支票(背面)

任务二 填写转账支票

转账支票是出票人签发的，委托办理支票存款业务的银行在见票时，无条件支付确定的金额给收款人或持票人的票据。在银行开立存款账户的单位和个人客户，用于同城交易的各种款项，均可签发转账支票，委托开户银行办理付款手续。转账支票只能用于转账。

请通过观察转账支票的票样，根据实例和训练提示，学会正确填写转账支票。

实例 2-2　2021 年 11 月 2 日，立信办公家具有限公司开出转账支票，偿还欠佳多木材厂（纳税人识别号：54658293020200299B；地址：临江市河西区幸福路 45 号；电话：0439-35647890；开户银行：建设银行幸福路支行；账号：6453634748292000321）材料款 113 000 元。转账支票如图 2-10、图 2-11 所示。

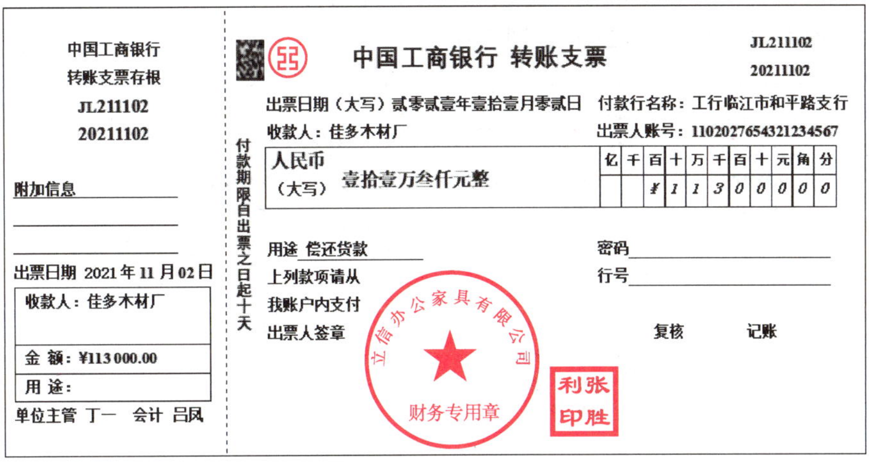

中国工商银行
转账支票存根
JL211102
20211102
附加信息
出票日期 2021 年 11 月 02 日
收款人：佳多木材厂
金 额：¥113 000.00
用 途：
单位主管 丁一　会计 吕凤

中国工商银行 转账支票　JL211102 20211102
出票日期（大写）贰零贰壹年壹拾壹月零贰日　付款行名称：工行临江市和平路支行
收款人：佳多木材厂　出票人账号：1102027654321234567
付款期限自出票之日起十天
人民币（大写）壹拾壹万叁仟元整

亿	千	百	十	万	千	百	十	元	角	分
		¥	1	1	3	0	0	0	0	0

用途 偿还货款　密码
上列款项请从我账户内支付　行号
出票人签章　复核　记账
立信办公家具有限公司 财务专用章
利张印胜

图 2-10　转账支票（正面）

附加信息：
被背书人　建设银行幸福路支行
被背书人
佳多木材厂 财务专用章
丰张印三
背书人签章
2021 年 11 月 02 日
背书人签章
年　月　日
（粘贴单处）
根据《中华人民共和国票据法》等法律法规的规定，签发空头支票由中国人民银行处以票面金额 5%但不低于1000元的罚款。

图 2-11　转账支票（背面）

训练提示：

转账支票背面一般有三个栏：左起第一栏是附加信息，一般不用填写；第二栏是被背书人，在大方框内盖上收款单位的财务章和法人名章，注意两个章一点也不能重叠，也不能超出框线外；如果收款人是个人的，不需盖章，只要收款人在此框内签名即可；第三栏也是被背书人，不背书转让就不用填写。

转账支票的收款人应填写为对方单位名称。转账支票背面本单位不盖章。收款单位取得转账支票后，在支票背面“被背书人”栏内加盖收款单位财务专用章和法人章，填写好银行进账单后连同该支票交给收款单位的开户银行委托银行收款。

转账支票正面的填写方法与现金支票的填写方法类同，请参看现金支票的训练提示。

活动一：根据本任务的实例和训练提示，完成转账支票的填写。

2021 年 11 月 5 日，立信办公家具有限公司向红太阳有限责任公司（纳税人识别号：50078620056977888A；地址：临江市玄石区大同路 22 号；电话：0439－65479832；开户银行：中国工商银行临江市经济技术开发区大同路支行；账号：1102028909876549678）购入木工雕刻机两台，价款 4 000 元，增值税 520 元。开出转账支票一张支付价税款，雕刻机交付生产车间使用。据此完成图 2-12、图 2-13。注意：背书工作由哪个公司完成？

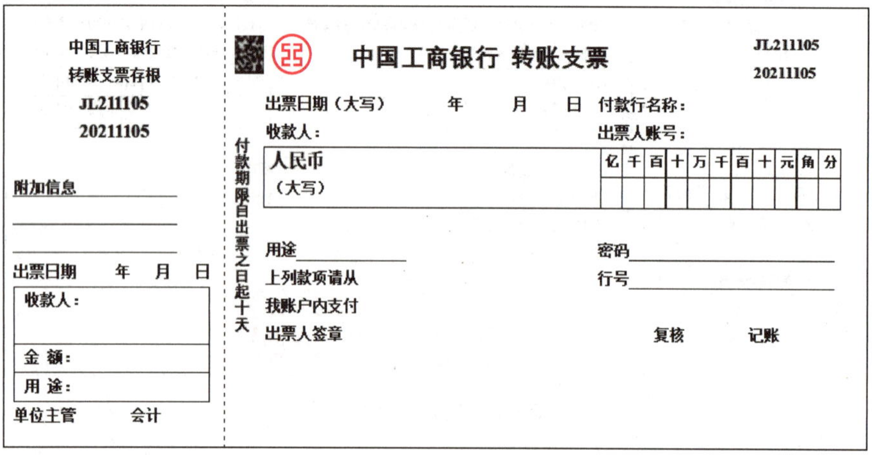
中国工商银行
转账支票存根
JL211105
20211105
附加信息
出票日期 年 月 日
收款人：
金 额：
用 途：
单位主管 会计

中国工商银行 转账支票
JL211105
20211105
付款期限自出票之日起十天
出票日期（大写） 年 月 日 付款行名称：
收款人： 出票人账号：
人民币（大写） 亿 千 百 十 万 千 百 十 元 角 分
用途
上列款项请从
我账户内支付
出票人签章
密码
行号
复核 记账

图 2-12 转账支票（正面）

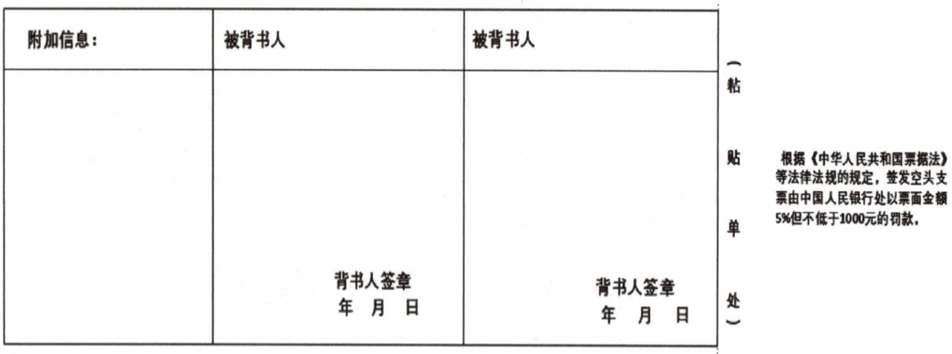
附加信息：
被背书人
背书人签章
年 月 日
被背书人
背书人签章
年 月 日
（粘贴单处）
根据《中华人民共和国票据法》等法律法规的规定，签发空头支票由中国人民银行处以票面金额5%但不低于1000元的罚款。

图 2-13 转账支票（背面）

活动二：（拓展与提高）比一比谁填写的转账支票更规范、正确。

2021 年 11 月 10 日，立信办公家具有限公司收到阳光办公家具有限公司（纳税人识别号：64748362839470055E；地址：重庆市沙坪坝区沙中路 23 号；电话：023－456234578；开户银行：工行重庆市沙中路支行；账号：3682910097927305600；法人：刘海波；会计：李海；出纳：周云祥）开来转账支票 90 400 元，支付欠本公司办公桌椅款。根据以上信息完成图 2-14、图 2-15。

中国工商银行　转账支票　CQ211110 20211110

出票日期（大写）　年　月　日　付款行名称：

收款人：　出票人账号：

人民币（大写）	亿	千	百	十	万	千	百	十	元	角	分

付款期限自出票之日起十天

用途＿＿＿＿　密码＿＿＿＿

上列款项请从　行号＿＿＿＿

我账户内支付

出票人签章　复核　记账

图 2-14　转账支票（正面）

附加信息：	被背书人	被背书人
	背书人签章 年　月　日	背书人签章 年　月　日

（粘贴单处）

根据《中华人民共和国票据法》等法律法规的规定，签发空头支票由中国人民银行处以票面金额5%但不低于1000元的罚款。

图 2-15　转账支票（背面）

任务三　填写银行进账单

银行进账单是持票人或收款人将票据款项存入其开户银行账户的凭证，也是开户银行将票据款项记入持票人或收款人账户的凭证。银行进账单一般为分为三联式银行进账单和二联式银行进账单。二联式银行进账单的第一联为收款人开户银行的贷方凭证，第二联为开户银行交给持票人的受理凭证；三联式银行进账单的第一联为开户银行交给收款人的回单，第二联为收款人开户银行的贷方凭证，第三联为开户银行交给收款人的收账通知。

本任务根据相关经济业务所取得的转账支票及记载内容，能够正确填写银行进账单。

实例 2-3　2021 年 11 月 12 日，立信办公家具有限公司销售给阳光办公家具有限公司（纳税人识别号：64748362839470055E；地址：重庆市沙坪坝区沙中路 23 号；电话：023-456234578，开户银行：工行重庆市沙中路支行，账号：3682910097927305600）办公桌椅 100 套，每套 1 200 元。立信办公家具有限公司开出增值税专用发票，收到对方开来转账支票一张，支付价税款。如图 2-16、图 2-17、图 2-18 所示（此处省略转账支票背书图片）。

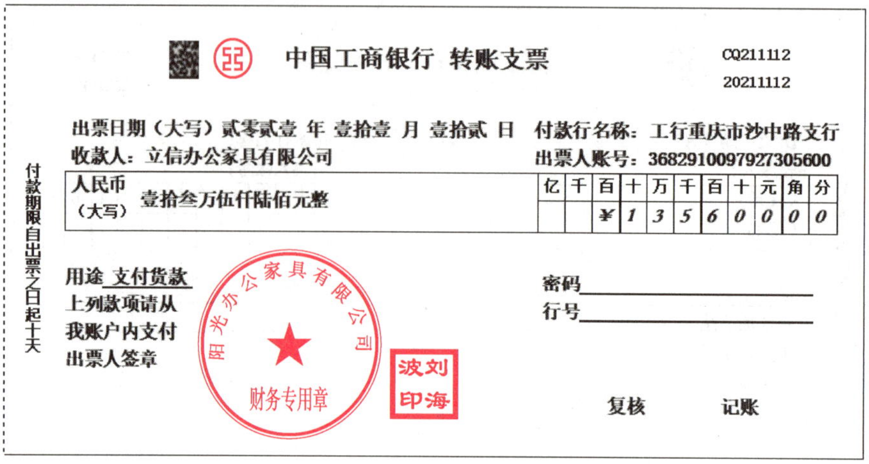

中国工商银行 转账支票

CQ211112
20211112

付款期限自出票之日起十天

出票日期（大写）贰零贰壹 年 壹拾壹 月 壹拾贰 日　付款行名称：工行重庆市沙中路支行
收款人：立信办公家具有限公司　出票人账号：36829100979273056OO

人民币（大写）	亿	千	百	十	万	千	百	十	元	角	分
壹拾叁万伍仟陆佰元整			¥	1	3	5	6	0	0	0	0

用途 支付货款
上列款项请从
我账户内支付
出票人签章

阳光办公家具有限公司 财务专用章

刘海 波印

密码
行号

复核　记账

图 2-16　转账支票(正面)

5000223130　吉林省增值税专用发票　No. 2150291112

此联不作报销、扣税凭证使用　开票日期：2021. 11. 12

购买方	名　称：阳光办公家具有限公司 纳税人识别号：6474836283947OO55E 地 址、电 话：重庆市沙坪坝区沙中路23号 023-456234578 开户行及账号：工行重庆市沙中路支行 3682910097927305600			密码区	+/3426<98/198768204+<<<-123 18<+64<->8756*98</875*369+/ 0>+2>2>7/3-+68561<>786-/24 +782-/5352<4*-34>>>+923*12		
货物或应税劳务、服务名称	规格型号	单位	数量	单价	金额	税率	税额
办公桌椅		套	100	1 200.00	120 000.00	13%	15 600.00
合计					¥120 000.00		¥15 600.00
价税合计(大写)	⊗壹拾叁万伍仟陆佰元整				（小写） ¥135 600.00		
销售方	名　称：立信办公家具有限公司 纳税人识别号：50078620789987666E 地 址、电 话：临江市经济技术开发区玉秀路18号 0439-55645443 开户行及账号：工行临江市和平路支行 1102027654321234567			备注			

第一联：记账联　销售方记账凭证

收款人：王宁　复核：丁一　开票人：吕凤　销售方：（章）

图 2-17　增值税专用发票(记账联)

训练提示：

持票人填写银行进账单时，必须清楚地填写票据种类、票据张数、收款人名称、收款人开户银行及账号、付款人名称、付款人开户银行及账号、票据金额等栏目，并连同相关票据一并交给银行经办人员。对于二联式银行进账单，银行受理后，银行应在第一联上加盖转讫章并退给持票人，持票人凭此记账。

(1) 进账单与支票配套使用，客户可以一张支票填制一份进账单，也可以多张支票(不超过四笔)汇总金额后填制一份进账单，即允许办理一收多付(一贷多借)。对一些收受支票业务量较大的收款单位，如商业(供销)批发、零售等企业经其开户银行审查同意也可以抄附票据清单，汇总填写进账单，委托银行办理收款。这样规定主要是为了方便客户、简化手续，以减轻客户填制凭证的压力。

中国工商银行 **进 账 单**（回单）

2021 年 11 月 12 日

出票人	全 称	阳光办公家具有限公司	收款人	全 称	立信办公家具有限公司
	账 号	3682910097927305600		账 号	1102027654321234567
	开户银行	工行重庆市沙中路支行		开户银行	工行临江市和平路支行
金额	人民币（大写）	壹拾叁万伍仟陆佰元整		千 百 十 万 千 百 十 元 角 分	¥ 1 3 5 6 0 0 0 0
票据种类	转账支票	票据张数 1张		中国工商银行临江市和平路支行 2021.11.12 转讫 收款人开户行盖章	
票据号码	20211112				
单位主管 张胜利	会计 丁一				
复核	记账				

此联是开户银行交给持票人的回单

图 2-18 进账单

（2）对于办理一收多付(一贷多借)的进账单，客户必须根据不同的票据种类和支票签发人所属的不同票据，交换行处分别填制，不得混淆。这样规定的主要原因：一是票据种类不同，如支票、银行汇票，在银行内部核算处理的方法和要求不一样；二是由于受路途远近、交通情况等客观条件的限制，一些基层交换行处有的参加两次交换，有的只能参加一次交换，在交换票据的处理、资金的抵用时间等方面就存在差异。鉴于上述原因，为了保证客户及时用款，因此作出这样的规定。

（3）进账单上填列的收款人名称、账号、金额、内容均不得更改，其他项目内容应根据所附支票的相关内容据实填列。这是因为银行受理票据后，支票和进账单两者分离，要分别在不同的柜组或行处之间进行核算处理，为了防止差错纠纷和经济案件的发生，便于事后查找，故作此明确规定。

（4）进账单第二联最下端的磁码区域必须保持清洁，任何企事业单位或个人不得在此区域内书写或盖章，其目的、作用与支票相同，进账单样本如图 2-19、图 2-20 所示。

银 行 进 账 单

年 月 日

出票人	全 称		
	账 号		
	开户银行		
金额	人民币（小写）	亿 千 百 十 万 千 百 十 元 角 分	
收款人	全 称		
	账 号		
	开户银行		
票据种类		票据张数	
票据号码			
备注：			

复核 记账

银 行 进 账 单（回单） 1

年 月 日

出票人	全 称		收款人	全 称	
	账 号			账 号	
	开户银行			开户银行	
金额	人民币（大写）			亿 千 百 十 万 千 百 十 元 角 分	
票据种类		票据张数			
票据号码					
				受理银行签章	

此联是开户银行交给持（出）票人的回单

注意：本回执不作收款证明，不作提货依据，不作账务处理，仅供查询用。

图 2-19 银行进账单(一)

银行进账单（收账通知）3

年　月　日

出票人	全称	
	账号	
	开户银行	
金额	人民币（小写）	亿 千 百 十 万 千 百 十 元 角 分
收款人	全称	
	账号	
	开户银行	
票据种类		票据张数
票据号码		
收款人开户银行签章		

复核　　记账

此联是收款人开户银行交给收款人的收账通知

银行进账单（贷方凭证）2

年　月　日

出票人	全称		收款人	全称	
	账号			账号	
	开户银行			开户银行	
金额	人民币（大写）				亿 千 百 十 万 千 百 十 元 角 分
票据种类		票据张数			
票据号码					
备注：			复核	记账	

此联由开户银行作贷方凭证

图 2-20　银行进账单（二）

活动一：正确填写转账支票，并根据填写进账单的训练提示和实例，完成进账单的填写。

2021 年 11 月 13 日，立信办公家具有限公司收到临江阳光办公家具有限公司（纳税人识别号：64748362839470055E；地址：重庆市沙坪坝区沙中路 23 号；电话：023-456234578，开户银行：工行重庆市沙中路支行；账号：3682910097927305600；法人：刘海波；会计：李海；出纳：周云祥）开来转账支票 67 800 元，支付前欠本公司办公桌椅款。具体如图 2-21至图 2-23 所示。

中国工商银行　转账支票　　CQ211113　20211113

付款期限自出票之日起十天

出票日期（大写）贰零贰壹 年 壹拾壹 月壹拾叁 日　　付款行名称：工行重庆市沙中路支行

收款人：立信办公家具有限公司　　出票人账号：3682910097927305600

人民币（大写）	陆万柒仟捌佰元整	亿	千	百	十	万	千	百	十	元	角	分
					¥	6	7	8	0	0	0	0

用途　支付货款　　　　密码

上列款项请从　　　　行号

我账户内支付

出票人签章　（阳光办公家具有限公司 财务专用章）（刘海波印）　　复核　　记账

图 2-21　转账支票（正面）

活动二：（拓展与提高）比一比谁填写的转账支票、进账单更规范、正确。

2021 年 11 月 14 日，立信办公家具有限公司销售给红太阳有限责任公司（纳税人识别号：500786200569778 88A；地址：临江市玄石区大同路 22 号；开户银行：中国工商银行临江市经济技术开发区大同路支行；账号：1102028909876549678）办公桌椅 10 套，每套价格为 1 200 元；沙发 10 套，每套价格为 4 000 元。立信办公家具有限公司开出增值税专用发票，收到对方开来转账支票一张，支付价税款。具体如图 2-24 至图 2-26 所示。

附加信息：	被背书人	被背书人	（粘贴单处）
	背书人签章 年　月　日	背书人签章 年　月　日	

根据《中华人民共和国票据法》等法律法规的规定，签发空头支票由中国人民银行处以票面金额5%但不低于1000元的罚款。

图 2-22　转账支票（背面）

中国工商银行　进 账 单　（回单）

年　　月　　日

出票人	全　称		收款人	全　称	
	账　号			账　号	
	开户银行			开户银行	
金额	人民币（大写）			千 百 十 万 千 百 十 元 角 分	
票据种类		票据张数			
票据号码					
单位主管　复核	会计　记账			收款人开户行盖章	

此联是开户银行交给持票人的回单

图 2-23　进账单

5000223130　　吉林省增值税专用发票　　No. 2150291114

此联不作报销、扣税凭证使用　　开票日期：2021. 11. 14

购买方	名　称：红太阳有限责任公司 纳税人识别号：500786200569778 88A 地 址、电 话：临江市玄石区大同路 22 号 0439-65479832 开户行及账号：工行临江市大同路支行　110202890987654 9678				密码区	+/2766<98/479533204+<<<-123 90<+64<->876*98</8765*369+/ 0>+336>2>7/3-+47561<>786-/2 +782-/43732<4*-34>>>+923*14		
货物或应税劳务、服务名称	规格型号	单位	数量	单价	金额	税率	税额	
办公桌椅		套	10	1 200.00	12 000.00	13%	1 560.00	
沙发		套	10	4 000.00	40 000.00	13%	5 200.00	
合计					¥52 000.00		¥6 760.00	
价税合计（大写）	⊗伍万捌仟柒佰陆拾元整				（小写）¥58 760.00			
销售方	名　称：立信办公家具有限公司 纳税人识别号：50078620789987666E 地 址、电 话：临江市经济技术开发区玉秀路 18 号 0439-55645443 开户行及账号：工行临江市和平路支行 110202765432123 4567				备注			

第一联：记账联　销售方记账凭证

收款人：王宁　　复核：丁一　　开票人：吕凤　　销售方：（章）

图 2-24　增值税专用发票（记账联）

中国工商银行 转账支票　　JL211114　20211114

付款期限自出票之日起十天

出票日期（大写）　　年　　月　　日　付款行名称：

收款人：　　出票人账号：

人民币（大写）	亿	千	百	十	万	千	百	十	元	角	分

用途________　　密码________

上列款项请从　　行号________

我账户内支付

出票人签章　　复核　　记账

图 2-25　转账支票

中国工商银行 进 账 单（回单）

年　　月　　日

出票人	全　称		收款人	全　称	
	账　号			账　号	
	开户银行			开户银行	
金额	人民币（大写）		千 百 十 万 千 百 十 元 角 分		
票据种类		票据张数			
票据号码					
单位主管　会计 复核　记账			收款人开户行盖章		

此联是开户银行交给持票人的回单

图 2-26　进账单

任务四　填 写 收 据

收据是企事业单位在经济活动中使用的原始凭证，主要是指财政部门印制的盖有财政票据监制章的收付款凭证，用于行政事业性收入，即非应税业务。

本任务通过了解收据的常识和实例展示，学会正确填写收据。

实例 2-4　2021 年 11 月 13 日，职工林同偿还欠公司借款，立信办公家具有限公司收到现金 2 000 元。具体如图 2-27 所示。

收　　据

2021 年　11 月　13 日　　NO.20211113

交款单位　林同　　收款方式　现金

人民币（大写）贰仟元整　　（小写）¥2 000.00

收款事由　偿还借款　　现金收讫

2021 年　11 月　13 日

立信办公家具有限公司　财务专用章

第三联　记账联

财务主管　丁一　记账　吕凤　出纳　王宁　审核　丁一　经办　张灵芳　单位盖章

图 2-27　收据

训练提示：

（1）收据可以分为内部收据和外部收据。内部收据是单位内部的自制凭据，用于单位内部发生的业务，如材料内部调拨、收取员工押金、退还多余出差借款等。这时的内部自制收据是合法的凭据，可以作为成本费用入账。

单位之间发生业务往来，收款方在收款以后不需要纳税的，收款方就可以开具税务部门监制的收据。行政事业单位发生的行政事业性收费，可以使用财政部门监制的收据。单位与部队之间发生业务往来，按照规定不需要纳税的，可以使用部队监制的收据，这种收据也是合法的凭据，可以入账。

除了上述几种收据，单位或个人在收付款时使用的其他自制收据，就是日常所说的“白条”，是不能作为凭证入账的。

（2）收据的基本联次一般为一式三联，第一联为存根联；第二联为客户联，交付款人作为付款的凭证；第三联为记账联，交财会部门据以记账。收据由企业的出纳人员负责填写，应按编号的顺序使用，全部联次一次性如实开具。

（3）填写收据时，出纳人员应填制收款日期、交款单位或交款人名称、交款原因、大写和小写金额，加盖收款单位印章，由收款人、交款人签字或盖章。收据样本如图 2-28、图 2-29 所示。

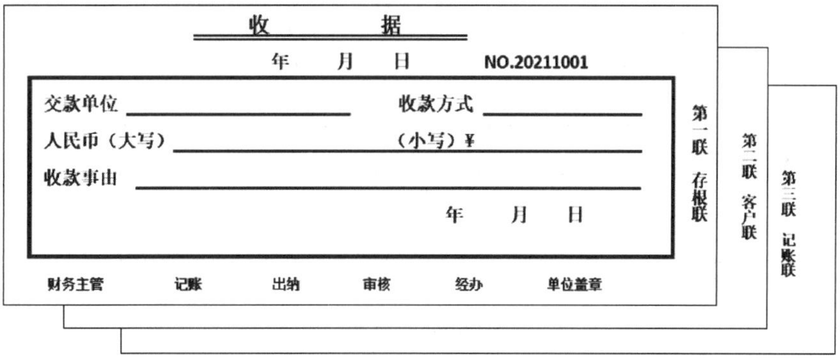

图 2-28　收据（一）

收　据

No.2743832

单位名称：　　　　　　年　月　日

品名及规格	数量	单位	单价	金额							
				十	万	千	百	十	元	角	分
金额合计（大写）　拾　万　仟　佰　拾　元　角　分											

第一联 存根联

开票人　　　　经手人　　　　单位（盖章）

图 2-29　收据（二）

活动一：根据填写收据的训练提示和实例，完成收据的填写。

2021 年 11 月 15 日，职工丁大力偿还欠公司借款，立信办公家具有限公司收到现金 850 元。请据此填写图 2-30。

收　　据

年　月　日　　NO.20211115

交款单位 ______________ 收款方式 ______________

人民币（大写）______________（小写）¥ ______________

收款事由 ______________

年　月　日

第一联　存根联

财务主管　记账　出纳　审核　经办　单位盖章

图 2-30　收据

活动二：(拓展与提高) 比一比谁填写的收据更规范、正确。

2021 年 11 月 16 日，职工欧阳林以现金 2 300 元偿还欠公司借款。据此完成图 2-31。

收　　据

年　月　日　　NO.20211116

交款单位 ______________ 收款方式 ______________

人民币（大写）______________（小写）¥ ______________

收款事由 ______________

年　月　日

第一联　存根联

财务主管　记账　出纳　审核　经办　单位盖章

图 2-31　收据

任务五　填写增值税专用发票、增值税普通发票

增值税专用发票，是由国家税务总局监制设计印制的，只限于增值税一般纳税人领购使用的，既是纳税人反映经济活动中的重要会计凭证，又是兼记销货方纳税义务和购货方进项税额的合法证明；是增值税计算和管理中重要的、决定性的、合法的专用发票。

增值税普通发票，是指在购销商品、提供或接受服务以及从事其他经营活动中，所开具和收取的收付款凭证。它是相对于增值税专用发票而言的，即任何单位和个人在购销商品、提供或接受服务以及从事其他经营活动中，除了增值税一般纳税人开具和收取的增值税专用发票，所开具和收取的各种收付款凭证均为普通发票。

本任务学习了解增值税专用发票和普通发票的基本知识，学会正确填写增值税专用发票和普通发票。

实例 2-5-1　2021 年 11 月 16 日，立信办公家具有限公司销售给阳光办公家具有限公

司(纳税人识别号：64748362839470055E；地址：重庆市沙坪坝区沙中路 23 号；电话：023-456234578；开户银行：工行重庆市沙中路支行；账号：3682910097927305600)办公桌椅 200 套，每套 1 200 元。立信办公家具有限公司开出增值税专用发票，收到对方开来转账支票一张，支付价税款。具体如图 2-32、图 2-33 所示。

5000223130　　吉林省增值税专用发票　　No. 2150291116

此联不作报销、扣税凭证使用　　开票日期：2021. 11. 16

购买方	名称：阳光办公家具有限公司 纳税人识别号：64748362839470055E 地址、电话：重庆市沙坪坝区沙中路 23 号 023-456234578 开户行及账号：工行沙中路支行 3682910097927305600				密码区	+/4796<98/357504+<<<-12357 <+64<->87*98</8765*369+/32 0>+216>2>7/3-+321<>786-/24 +782-/5432<4*-34>>>+923*14	
货物或应税劳务、服务名称	规格型号	单位	数量	单价	金额	税率	税额
办公桌椅		套	200	1 200.00	240 000.00	13%	31 200.00
合计					¥240 000.00		¥31 200.00
价税合计(大写)	⊗贰拾柒万壹仟贰佰元整				（小写）¥271 200.00		
销售方	名称：立信办公家具有限公司 纳税人识别号：500786207899876666E 地址、电话：临江市经济技术开发区玉秀路 18 号 0439-55645443 开户行及账号：工行临江市和平路支行 110202765432123456 7				备注		

第一联：记账联　销售方记账凭证

收款人：王宁　　复核：丁一　　开票人：吕凤　　销售方：（章）

图 2-32　增值税专用发票(记账联)

中国工商银行　转账支票　　CQ211116　20211116

出票日期（大写）贰零贰壹 年 壹拾壹 月壹拾陆 日　　付款行名称：工行重庆市沙中路支行

收款人：立信办公家具有限公司　　出票人账号：3682910097927305600

人民币（大写）	亿	千	百	十	万	千	百	十	元	角	分
贰拾柒万壹仟贰佰元整			¥	2	7	1	2	0	0	0	0

用途　偿还货款　　密码

上列款项请从　　行号

我账户内支付

出票人签章　（阳光办公家具有限公司 财务专用章）（刘波印海）　　复核　　记账

付款期限自出票之日起十天

图 2-33　转账支票

实例 2-5-2　2021 年 11 月 17 日，财务科会计吕凤从临江市欣欣办公文具商店为公司购入签字笔 10 支，每支价格 3 元，签字笔芯 30 支，每支价格 1 元。款项均以现金支付，并取得普通发票。具体如图 2-34 所示。

5000161140　　吉林省增值税普通发票　　No. 1306099017

（印章：全国统一发票监制章　吉林　国家税务总局监制）

开票日期：2021. 11. 17

购买方	名　　称：立信办公家具有限公司 纳税人识别号：5007862078998766 6E 地 址、电 话：临江市经济技术开发区玉秀路18号 0439-55645443 开户行及账号：工行临江市和平路支行 110202765432123456 7				密码区	+/3266<98/876533204+<<<-334 <+64<->84532*98</8765*369+/ 0>+2357897/3-+47561<>786-/2 +782-/54232<4*-43>>>+923*17		
货物或应税劳务、服务名称	规格型号	单位	数量	单价	金额	税率	税额	
签字笔		支	10	3.00	30.00	3%	0.90	
签字笔芯		支	30	1.00	30.00	3%	0.90	
合计					¥60.00		¥1.80	
价税合计(大写)	⊗陆拾壹元捌角整				（小写） ¥61.80			
销售方	名　　称：临江市欣欣办公文具商店 纳税人识别号：500230498752754 32B 地 址、电 话：临江市和平路6号 0439-56344231 开户行及账号：工行临江市和平路支行 110204034342345 5533				备注	（印章：临江市欣欣办公文具商店 500230498752754 32B 发票专用章）		

第二联：发票联　购买方记账凭证

收款人：李曼　　复核：王慧　　开票人：赵晓　　销售方：（章）

图 2-34　增值税普通发票(发票联)

训练提示：

(一) 增值税专用发票

增值税专用发票的基本联次为三联，用途如下：

第一联：记账联，销售方作销售的记账凭证。

第二联：增值税税款抵扣联，购买方作扣税凭证。

第三联：发票联，购买方作付款的记账凭证。

增值税专用发票填制的标准如下：

(1) 填写时要字迹清楚，不得省略，不得涂改、挖补。如填写有误，会计人员应另行开具增值税专用发票，并在误填的专用发票上加盖(或注明)“作废”字样，并把原有的各联附在存根联上。如增值税专用发票开具后因购买方不索取而成为废票的，也应按填写有误办理。已用发票的存根，必须按规定的期限交税务部门验收。

(2) 按照规定的时限开具专用发票。

(3) 全部联次一次填开，增值税专用发票上、下联的内容和金额一致；票、物相符，票面金额与实际收取的金额相符，不得开具伪造的专用发票，不得开具票样与国家税务总局统一制定的票样不相符合的增值税专用发票。

(4) 项目填写齐全，各项目内容正确无误。

(5) 开票日期按公历用“阿拉伯数字”填写。

(6) “购买方”栏：名称填写全称，地址、电话不得省略；纳税人识别号按全国统一的税务登记证件代码填写；开户银行及账号按购货单位开户银行名称和支票注明账号填写，以现金购货的先询问开户银行及账号再行填写。

(7) “货物或应税劳务、服务名称”栏：根据不同货物或应税劳务名称分别填写，目前增值税专用发票一张最多可以开8行，如果一张发票超过8行可以在系统内开发票清单。

（8）“规格型号”“单位”“数量”栏：可填写货物的规格型号、计量单位和销售数量。

（9）“金额”栏：应填写不含税的销售额，在票面上反映的是数量乘以单价的积。“金额合计”栏应填写本份发票所填写的不含税销售额之和，计量单位、数量、单价的合计栏不填写。

（10）“税率”栏：应填写依据税收法律所确定的税率，“税率”合计栏不填写，“税额”栏填写金额乘以税率所得的积，“税额合计”栏应填写本份发票税额合计数。

（11）“价税合计”栏：应填写金额合计加税额合计之和，分别用汉字大写金额和小写金额同时填写。开具增值税专用发票，必须在“金额”“税额”栏合计数（小写）前用“￥”符号封顶，在“价税合计”栏小写合计数前用“￥”符号封顶。

（12）“销售方”栏：名称、纳税人识别号、地址、电话、开户银行及账号根据销货单位自己的实际相关信息填写。购销双方单位名称必须详细填写，不得简写。如果单位名称较长，可在“名称”栏分上下两行填写。

（13）“收款人”栏：由收款人（开票人）签字或盖章，姓名不得省略；“销售方（章）”应加盖在税务机关的发票销售部门预留印鉴的发票专用章，第一联、第四联不用加盖。发票联和抵扣联加盖单位发票专用章，不得加盖其他财务印章。根据不同版本的增值税专用发票，财务专用章或发票专用章分别加盖在专用发票的左下角或右下角，覆盖“开票单位”一栏。发票专用章使用红色印泥。

开具的专用发票有不符合上列要求者，不得作为扣税凭证，购买方有权拒收。

（二）增值税普通发票

增值税普通发票的基本联次为两联：第一联为记账联，作为销售方记账凭证；第二联为发票联，作为购买方记账凭证。

增值税普通发票填写的方法如下：

（1）填制开票日期。

（2）填制单位。单位名称应填写全称。

（3）填制产品名称及相关信息，可根据实际填写商品规格型号、单位、数量、等级等。

（4）填制金额（与增值税专用发票类似）。

活动一：根据填写增值税专用发票的训练提示和实例，完成增值税专用发票的填写。

2021 年 11 月 16 日，立信办公家具有限公司销售给临江欣怡广告有限公司（纳税人识别号：50078664782930123B；地址：临江市经济技术开发区和平路 92-3 号；电话：0439-35647892，开户银行：建设银行临江市和平路分行；账号：6456979701123069543；法定代表人：苏越鹏；会计：李彬；出纳：高明）办公桌椅 8 套，每套 1 200 元。立信办公家具有限公司开出增值税专用发票，收到对方开来转账支票一张，支付价税款。据此填制图 2-35、图 2-36。

活动二：根据填写增值税普通发票的训练提示和实例，完成增值税普通发票的填写。

2021 年 11 月 17 日，公司财务主管丁一从临江市欣欣办公文具商店购入 A4 纸 4 箱，每箱价格为 200 元；计算器一个，价格为 32 元。款项均以现金支付，并取得增值税普通发票。据此完成图 2-37。

5000223130　　吉林省增值税专用发票　　No. 2150291117

此联不作报销、扣税凭证使用　　开票日期:

(全国统一发票监制章 吉林 国家税务总局监制)

购买方	名　　称: 纳税人识别号: 地 址、电 话: 开户行及账号:				密码区		
货物或应税劳务、服务名称	规格型号	单位	数量	单价	金额	税率	税额
合计							
价税合计(大写)					(小写)		
销售方	名　　称: 纳税人识别号: 地 址、电 话: 开户行及账号:				备注		

收款人:　　复核:　　开票人:　　销售方:(章)

第一联:记账联 销售方记账凭

图 2-35　增值税专用发票(记账联)

中国建设银行　转账支票　　JL211116 20211116

付款期限自出票之日起十天

出票日期(大写)贰零贰壹 年 壹拾壹 月壹拾陆 日　付款行名称:建行临江市和平路分行

收款人:立信办公家具有限公司　出票人账号:6456979701123069543

人民币(大写)	壹万零捌佰肆拾捌元整	亿	千	百	十	万	千	百	十	元	角	分
					¥	1	0	8	4	8	0	0

用途　支付货款

上列款项请从

我账户内支付

出票人签章　(临江欣怡广告有限公司 财务专用章)(鹏苏 印越)

密码

行号

复核　　记账

图 2-36　转账支票

5000161140　　吉林省增值税普通发票　　No. 1306099018

发票联　　开票日期:

(全国统一发票监制章 吉林 国家税务总局监制)

购买方	名　　称: 纳税人识别号: 地 址、电 话: 开户行及账号:				密码区		
货物或应税劳务、服务名称	规格型号	单位	数量	单价	金额	税率	税额
合计							
价税合计(大写)					(小写)		
销售方	名　　称: 纳税人识别号: 地 址、电 话: 开户行及账号:				备注		

收款人:　　复核:　　开票人:　　销售方:(章)

第二联:发票联 购买方记账凭证

图 2-37　增值税普通发票(发票联)

任务六　填写借款单

借款单是企业职工因为出差或者其他原因向企业借款而填制的单据，可以作为职工借据、单位和职工之间结算的依据，也可作为企业记账的依据。

本任务要求学会正确填写借款单，并把财务专业知识应用于学习生活中。

实例 2-6　2021 年 11 月 10 日，公司车间主任覃胜出差，预先借差旅费 1 500 元，出纳人员以现金付讫。具体如图 2-38 所示。

借　款　单

2021 年　11　月　10 日

部门	车间主任			借款人	覃胜
借款金额	金额（大写）人民币壹仟伍佰元整				¥1500.00
借款事由	预借差旅费		立信办公家具有限公司 财务专用章		现金付讫
领导审批	同意。张利胜印	财务主管	丁一	借款人签字	覃胜

图 2-38　借款单

训练提示：

借款单的借款日期、借款单位、借款事由、借款金额先由借款人填写好后，在借款人处签字；再由本单位负责人审批、同意后签字；然后再交财务主管批准、签字；最后交给出纳人员支取现金。

活动一：根据填写借款单的训练提示和实例，完成借款单的填写。

2021 年 11 月 17 日，销售部林同出差洽谈业务，预借差旅费 1 000 元，以现金支付。据此完成图 2-39。

借　款　单

年　　月　　日

部门				借款人	
借款金额	金额（大写）			¥______	
借款事由					
领导审批		财务主管		借款人签字	

图 2-39　借款单

活动二：比一比谁填写的借款单更规范、正确。

2021 年 11 月 18 日，财务主管丁一参加上海国家会计学院举办的会计培训，预借差旅费 3 000 元，以现金支付。据此完成图 2-40。

借　　款　　单

年　　月　　日

部门			借款人	
借款金额	金额（大写）　　　　　　¥＿＿＿＿			
借款事由				
领导审批		财务主管		借款人签字	

图 2-40　借款单

活动三：（拓展与提高）2021 年 11 月 18 日，张艳向李敏借现金 100 元用于充值饭卡，1 个月后归还。请你结合实际生活，正确书写一张借据。

任务七　填写费用报销单

费用报销单是用于现金费用报销的一种单据。报销时将其附在费用单据的上面，然后交付各级部门领导审批，由领导审核签字后，交给出纳人员给予报销。

本任务学习费用报销单的一般常识，学会正确填写常用的费用报销单。

实例 2-7-1　2021 年 11 月 18 日，公司财务室会计吕凤报销购买签字笔、签字笔芯的费用 60 元（签字笔 10 支，每支价格为 3 元；签字笔芯 30 支，每支价格为 1 元）。具体如图 2-41、图 2-42 所示。

吉林省　国家税务局通用机打发票

发　票　联

（全国统一发票监制章 吉林 国家税务总局监制）

发票代码　临江 00161140
发票号码　40543641
机打号码　82963772

开票日期：2021 年 11 月 18 日　行业分类：商业

购货单位名称：立信办公家具有限公司　　税务登记代码：500786207899876666E
购货单位地址：临江市经济技术开发区玉秀路 18 号　　开户银行：工行临江市和平路支行
购货单位电话：0439-55645443　　银行账号：1102027654321234567

品名	规格	单位	数量	单价	金额
签字笔		支	10	3.00	30.00
签字笔芯		支	30	1.00	30.00

金额合计：人民币陆拾元整　　（小写）¥60.00

（临江红星文具有限公司玉秀路店 654231589885325635 发票专用章）

收款单位名称（盖章）：　　收款单位税号：654231589885325635
收款单位地址：临江市经济技术开发区玉秀路 90 号　　开户银行：工行临江市和平路支行
收款单位电话：0439-55645335　　银行账号：1102027654321987654

收款人：梅平红　　复核人：唐宋　　开票人：宁开江

第一联：发票联（购货单位付款凭证）（手开无效）

图 2-41　商业发票（发票联）

费　用　报　销　单

部门：财务科　　　　2021 年 11 月 18 日　　　　编号：211101

开支内容	金额	结算方式
签字笔	30.00	1.冲借款 ______ 元
笔芯	30.00	2.转账 ______ 元
		3.汇款 ______ 元
合计：（大写）人民币陆拾元整		4.现金付讫 ¥60.00 元　现金付讫

附单据 1 张

会计主管：丁一　　单位负责人：张胜利　　出纳：王宁　　经办人：吕风

图 2-42　费用报销单

训练提示：

费用报销单一般包含：报销部门名称、日期、报销摘要、附件张数、报销金额、备注，以及部门领导签字、公司领导签字、财务审核签字、报销人签字等，格式可自行设计，也可以自行购买适宜本单位业务的同类单据，主要用途如下：

（1）用于各部门费用及专项费用报销时填写。

（2）作为差旅费报销时，需附经审批的出差申请表。

（3）属专项费用报销时，需有项目负责人签名及经审批的专项费用申请表。

费用报销单主要注意事项有以下几点：

（1）费用报销单是员工用自己的钱在为公司办事时所垫付的、事情完成后回公司报销费用需要填写的单据，并将需要报销的发票与之粘贴，交由领导审核签字，再由财务给当事人报销。

（2）该费用报销单必须放在记账凭证里面作为“原始凭证”，以备不时之需。

（3）如果是银行汇款转账之类的，直接把银行的票据与之粘贴，交由领导签字，财务报销。

（4）所有支出款项必须由领导签字后方能报销和支出，以备事后查账，避免推卸责任。

活动一：根据填写费用报销单的训练提示和实例，完成费用报销单的填写。

2021 年 11 月 17 日，公司财务主管丁一报销购买 A4 纸、计算器的费用 832 元(其中：A4 纸 4 箱，每箱价格为 200 元；计算器 1 个，价格为 32 元)。根据以上信息填制图 2-43。

费　用　报　销　单

部门：　　　　年　　月　　日　　　　编号：211102

开支内容	金额	结算方式
		1.冲借款 ______ 元
		2.转账 ______ 元
		3.汇款 ______ 元
合计：（大写）		4.现金付讫 ______ 元

附单据　　张

会计主管：　　单位负责人：　　出纳：　　经办人：

图 2-43　费用报销单

活动二：（拓展与提高）比一比谁填写的费用报销单更规范、正确。

2021 年 11 月 18 日，公司销售部门经理王业报销招待客户的餐费 220 元。原始凭证如图 2-44 所示，并填制图 2-45。

吉林省　国家税务局通用机打发票

全国统一发票监制章 吉林 国家税务总局监制

发　票　联

发票代码　临江 00176542

发票号码　54032151

开票日期：2021 年 11 月 19 日　　行业分类：服务业　　机打号码　77263829

购货单位名称：立信办公家具有限公司　　税务登记代码：50078620789987666E

购货单位地址：临江市经济技术开发区玉秀路 18 号　　开户银行：工行临江市和平路支行

购货单位电话：0439-55645443　　银行账号：1102027654321234567

品名	规格型号	单位	数量	单价	金额
餐饮费		份	1	220.00	220.00

金额合计：人民币贰佰贰拾元整　　（小写）¥220.00

收款单位名称（盖章）：临江市大酒店 697654923657865331 发票专用章　　税务登记代码：697654923657865331

收款单位地址：临江市经济技术开发区虹桥路 50 号　　开户银行：工行临江市和平路支行

收款单位电话：0439-53265410　　银行账号：2102024789560098057

收款人：李响　　复核人：董平　　开票人：杨易

第一联：发票联（购货单位付款凭证）（手开无效）

图 2-44　通用机打发票（发票联）

费　用　报　销　单

部门：　　　　年　　月　　日　　编号：211103

开支内容	金额	结算方式
		1.冲借款 ________ 元
		2.转账 ________ 元
		3.汇款 ________ 元
合计：（大写）		4.现金付讫 ________ 元

附单据　　张

会计主管：　　单位负责人：　　出纳：　　经办人：

图 2-45　费用报销单

实例 2-7-2　2021 年 11 月 19 日，公司车间主任覃胜报销差旅费 600 元，退回余款 400 元（原预借 1 000 元）。具体如图 2-46 至图 2-49 所示。

训练提示：

差旅费报销单是费用报销单的一种，是单位的自制凭证。各单位差旅费报销单的格式不同，内容大同小异。实际工作中单位可以用一般的费用报销单替代差旅费报销单，也可以采用单独印制的差旅费报销单。其具体填制方法如下：

（1）部门名称填写出差人员所在的部门，出差人员栏目填写出差人员姓名。出差日期写上出差开始及截止日期，出差事由写清楚出差的目的及主要内容，报销日期是填写该报销单的日期。

吉林省　国家税务局通用机打发票

发　票　联

发票代码　临江 00176542
发票号码　54032160
机打号码　77263838

开票日期：2021 年 11 月 19 日　　行业分类：服务业

购货单位名称：立信办公家具有限公司　　税务登记代码：50078620789987666E
购货单位地址：临江市经济技术开发区玉秀路 18 号　　开户银行：工行临江市和平路支行
购货单位电话：0439-55645443　　银行账号：1102027654321234567

品名	规格型号	单位	数量	单价	金额
餐饮费		份	1	200.00	200.00
住宿		天	1	300.00	300.00

金额合计：人民币伍佰元整　　（小写）¥500.00

收款单位名称（盖章）：　　税务登记代码：697654923657865331
收款单位地址：临江市经济技术开发区虹桥路 50 号　　开户银行：工行临江市和平路支行
收款单位电话：0439-53265410　　银行账号：2102024789560098057

收款人：李响　　复核人：董平　　开票人：杨易

第一联：发票联（购货单位付款凭证）（手开无效）

图 2-46　通用机打发票（发票联）

临江市通用机打发票

发　票　联

发票代码　133011580128
发票号码　00097635
临江市物价局：12358
临江市运管局：12328

[redacted]　机打发票　手写无效

编号：
电话：
车号：吉F-B78425
证号：025805
日期:2021年11月19日
上车：14:20
下车：16:20
单价：2.50元/公里
里程：40公里
等候：00:00.16
状态：
金额：100.00元

图 2-47　出租车发票

差旅费报销单

报销部门：生产车间　　填报日期：2021 年 11 月 19 日

姓名	覃胜	职别	车间主任	出差事由	学习
出差起止日期自 2021 年 11 月 18 日起至 2021 年 11 月 19 日止共 2 天				附单据 2 张	

日期		起止地点	天数	机票费	车船费	交通费	住宿费	出差补贴	住宿补贴	其他	小计
月	日										
11	18~19	临江-临江	2			100.00	300.00			200.00	600.00
合计			2			¥100.00	¥300.00			¥200.00	¥600.00

总计金额（大写）零 万 零 仟 陆 佰 零 拾 零 元 零 角 零 分　　预支 ¥1 000.00 元　　退（补）¥400.00 元

负责人 张胜利　　会计 吕凤　　审核 丁一　　部门主管 覃胜　　出差人 覃胜

图 2-48　差旅费报销单

收　　　据

2021 年 11 月 19 日　　NO.20211119

交款单位 覃胜	收款方式 现金
人民币（大写）肆佰元整	（小写）¥400.00
收款事由 偿还借款	现金收讫
	2021 年 11 月 19 日

第三联 记账联

立新办公家具有限公司 财务专用章

财务主管 丁一　　记账 吕凤　　出纳 王宁　　审核 丁一　　经办 覃胜　　单位盖章

图 2-49　收据

（2）“费用”栏按照实际发生的金额如实填写，最好用黑色或蓝色水笔写，不允许涂改。报销单填写完后，右侧的合计应该等于下方的合计。合计用小写，报销总额用大写。

（3）市内交通、住宿费、补助按照公司的具体报销制度进行填写；放置凭证的时候将时间较早的凭证放在上面；每出差一次填写一张差旅费报销单；在外连续出差多天可以在同一张差旅费报销单中填写。

活动一： 根据填写差旅费报销单的训练提示和实例，完成差旅费报销单的填写。

2021 年 11 月 22 日，销售部林同报销出差费用 1 200 元(原预借 1 000 元)，补付现金 200 元。具体如图 2-50 至图 2-52 所示。

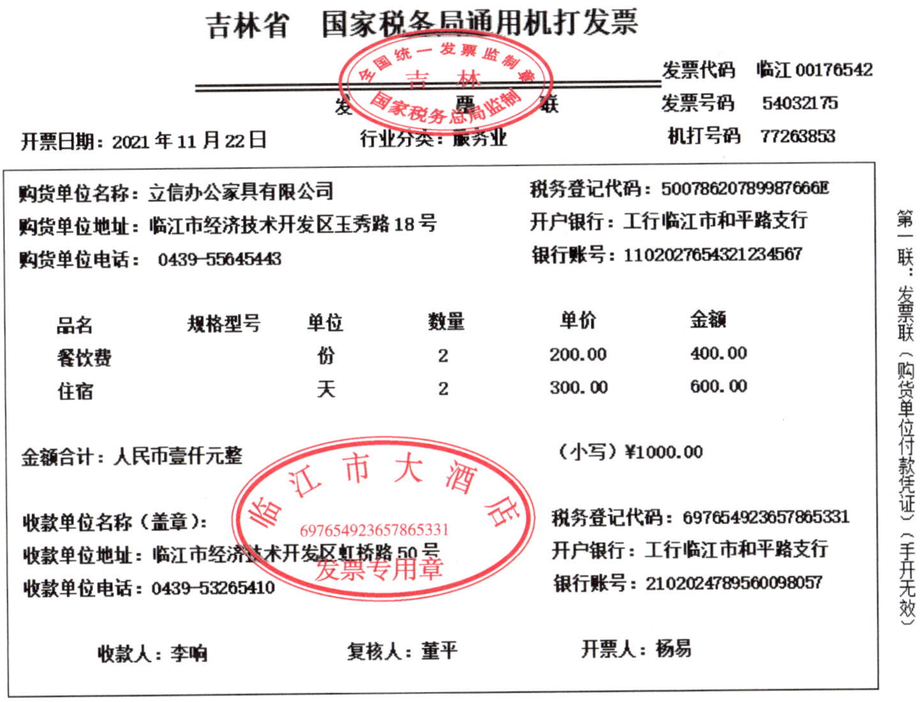

吉林省　国家税务局通用机打发票

发　票　联

发票代码　临江 00176542
发票号码　54032175
机打号码　77263853

开票日期：2021 年 11 月 22 日　　行业分类：服务业

购货单位名称：立信办公家具有限公司　　税务登记代码：50078620789987666E
购货单位地址：临江市经济技术开发区玉秀路 18 号　　开户银行：工行临江市和平路支行
购货单位电话：0439-55645443　　银行账号：1102027654321234567

品名	规格型号	单位	数量	单价	金额
餐饮费		份	2	200.00	400.00
住宿		天	2	300.00	600.00

金额合计：人民币壹仟元整　　（小写）¥1000.00

收款单位名称（盖章）：　　税务登记代码：697654923657865331
收款单位地址：临江市经济技术开发区虹桥路 50 号　　开户银行：工行临江市和平路支行
收款单位电话：0439-53265410　　银行账号：2102024789560098057

收款人：李响　　复核人：董平　　开票人：杨易

第一联：发票联（购货单位付款凭证）（手开无效）

图 2-50　通用机打发票(发票联)

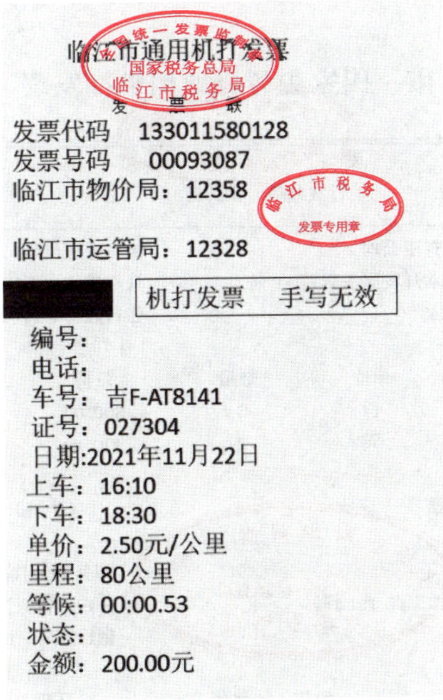

临江市通用机打发票

发　票　联

发票代码　133011580128
发票号码　00093087
临江市物价局：12358
临江市运管局：12328

[redacted]　机打发票　手写无效

编号：
电话：
车号：吉F-AT8141
证号：027304
日期:2021年11月22日
上车：16:10
下车：18:30
单价：2.50元/公里
里程：80公里
等候：00:00.53
状态：
金额：200.00元

图 2-51　出租车发票

差旅费报销单

报销部门：　　　　　　　　　　填报日期：　　年　　月　　日

姓名			职别		出差事由						
出差起止日期自　　年　　月　　日起至　　年　　月　　日止共　　天　附单据　　张											
日期		起止地点	天数	机票费	车船费	交通费	住宿费	出差补贴	住宿补贴	其他	小计
月	日										
合计											
总计金额（大写）　万　仟　佰　拾　元　角　分　预支______元　退（补）______元											

负责人　　　　会计　　　　审核　　　　部门主管　　　　出差人

图 2-52　报销单

活动二：（拓展与提高）比一比谁填写的差旅费报销单更规范、正确。

2021 年 11 月 23 日，财务主管丁一回公司报销差旅费 2 800 元(原预借 3 000 元)，退回余款 200 元。具体如图 2-53 至图 2-56 所示。

上海市　国家税务局通用机打发票

（印章：全国统一发票监制章 上海 国家税务局监制）

发　票　联

发票代码　上海 10276542
发票号码　22476578
机打号码　66263558

开票日期：2021 年 11 月 21 日　　行业分类：服务业

购货单位名称：立信办公家具有限公司　　税务登记代码：500786207899876666E
购货单位地址：临江市经济技术开发区玉秀路 18 号　　开户银行：工行临江市和平路支行
购货单位电话：0439-55645443　　银行账号：1102027654321234567

品名	规格型号	单位	数量	单价	金额
餐饮费		份	3	300.00	900.00
住宿费		天	2	350.00	700.00

金额合计：人民币壹仟陆佰元整　　（小写）¥1600.00

收款单位名称（盖章）：　　税务登记代码：91310110744939184T
收款单位地址：上海市杨浦区黄兴路 1886 号　　开户银行：工行上海市黄兴路支行
收款单位电话：021-62430714　　银行账号：6002468790543215692

（印章：上海新南华黄兴大酒店 91310110744939184T 发票专用章）

收款人：李玉民　　复核人：赵萌　　开票人：肖聪

第一联：发票联（购货单位付款凭证）（手开无效）

图 2-53　通用机打发票（发票联）

图 2-54　车票(一)

图 2-55　车票(二)

差旅费报销单

报销部门:　　　　　　　　　　填报日期:　　　年　　月　　日

姓名			职别		出差事由						
出差起止日期自　　年　　月　　日起至　　年　　月　　日止共　　天　　附单据　　张											
日期		起止地点	天数	机票费	车船费	交通费	住宿费	出差补贴	住宿补贴	其他	小计
月	日										
合计											
总计金额（大写）　万　仟　佰　拾　元　角　分　　预支______元　　退（补）______元											

负责人　　　　会计　　　　审核　　　　部门主管　　　　出差人

图 2-56　报销单

任务八　填写材料入库单

材料入库单是一次性的自制原始凭证，是购货方对供应商送料或送检时提供的货品所进行描述(名称、数量、来源)的单据，以便于购货方后期对货物分拣、入库、上架管理。材料入库单既是交接完成的证明，也是报税的依据之一。本任务的目的在于让学生学会正确填写材料入库单。

实例 2-8 2021 年 11 月 5 日，立信办公家具有限公司向佳多木材厂（纳税人识别号：546582930202002299B；地址：临江市河西区幸福路 45 号；电话：0439-35647890；开户银行：建设银行幸福路支行；账号：6453634748292000321；合同编号：HT20211109）购入杉木指接板 500 张，每张价格为 160 元；密度板 200 张，每张价格为 40 元。立信办公家具有限公司收到增值税专用发票，开出一张 3 个月期限的商业承兑汇票；另以现金支付运费 763 元，以材料数量为标准分配运费。材料已经验收入库。具体如图 2-57 至图 2-62 所示。

5000223130　　吉林省增值税专用发票　　No. 2150291105

抵扣联　　开票日期：2021. 11. 05

购货单位	名　称：立信办公家具有限公司 纳税人识别号：500786207899876666E 地 址、电 话：临江市经济技术开发区玉秀路 18 号 0439-55645443 开户行及账号：工行临江市和平路支行 1102027654321234567				密码区	+/3546<98/1932678204+<<<-12 <+64<->876*98</87395*369+/ 0>+279/3-+434561<>786-/232 +782-/5980<4*-34>>>+857*876	
货物或应税劳务的名称	规格型号	单位	数量	单价	金额	税率	税额
杉木指接板		张	500	160.00	80 000.00	13%	10 400.00
密度板		张	200	40.00	8 000.00	13%	1040.00
合计					¥88 000.00		¥11 440.00
价税合计（大写）	⊗玖万玖仟肆佰肆拾元整				（小写）¥99 440.00		
销货单位	名　称：佳多木材厂 纳税人识别号：546582930202002299B 地 址、电 话：临江市河西区幸福路 45 号 0439-35647890 开户行及账号：建设银行幸福路支行 6453634748292000321				备注	佳多木材厂 546582930202002299B 发票专用章	

收款人：周梦龙　　复核：张海霞　　开票人：李伟　　销售方（章）：

第二联：抵扣联　购货方扣税凭证

图 2-57　增值税发票（抵扣联）

5000223130　　吉林省增值税专用发票　　No. 2150291105

发票联　　开票日期：2021. 11. 05

购货单位	名　称：立信办公家具有限公司 纳税人识别号：500786207899876666E 地 址、电 话：临江市经济技术开发区玉秀路 18 号 0439-55645443 开户行及账号：工行临江市和平路支行 1102027654321234567				密码区	+/3546<98/1932678204+<<<-12 <+64<->876*98</87395*369+/ 0>+279/3-+434561<>786-/232 +782-/5980<4*-34>>>+857*876	
货物或应税劳务的名称	规格型号	单位	数量	单价	金额	税率	税额
杉木指接板		张	500	160.00	80 000.00	13%	10 400.00
密度板		张	200	40.00	8 000.00	13%	1040.00
合计					¥88 000.00		¥11 440.00
价税合计（大写）	⊗玖万玖仟肆佰肆拾元整				（小写）¥99 440.00		
销货单位	名　称：佳多木材厂 纳税人识别号：546582930202002299B 地 址、电 话：临江市河西区幸福路 45 号 0439-35647890 开户行及账号：建设银行幸福路支行 6453634748292000321				备注	佳多木材厂 546582930202002299B 发票专用章	

收款人：周梦龙　　复：张海霞　　开票人：李伟　　销售方：（章）

第三联：发票联　购货方记账凭证

图 2-58　增值税发票（发票联）

5000223130　　吉林省增值税专用发票　　No. 36591207

（全国统一发票监制章 吉林 国家税务总局监制）

抵扣联　　开票日期：2021. 11. 05

购货单位	名　　称：立信办公家具有限公司 纳税人识别号：50078620789987666E 地 址、电 话：临江市经济技术开发区玉秀路 18 号 0439-55645443 开户行及账号：工行临江市和平路支行 1102027654321234567				密码区	+/2766<98/195478204+<<<6548 098/3-+43357<>786-57947/243 +782-/5980<4*-34>>>+857*876 237<>589-57047/3-+43873*22*	
货物或应税劳务的名称	规格型号	单位	数量	单价	金额	税率	税额
运输			1	700.00	700.00	9%	63.00
合计					¥700.00		¥63.00
价税合计(大写)	⊗柒佰陆拾叁元整				（小写）¥763.00		
销货单位	名　　称：临江顺丰物流有限公司 纳税人识别号：50073420789987525A 地 址、电 话：临江市经济技术开发区玉秀路 20 号 0439-5645446 开户行及账号：工行临江市昌平路支行 2202027654321234534				备注	（临江顺丰物流有限公司 50073420789987525A 发票专用章）	

收款人：赵杰　　复核：黄波　　开票人：李会　　销售方：（章）

第二联：抵扣联　购货方扣税凭证

图 2-59　增值税专用发票(抵扣联)

5000223130　　吉林省增值税专用发票　　No. 36591207

（全国统一发票监制章 吉林 国家税务总局监制）

发票联　　开票日期：2021. 11. 05

购货单位	名　　称：立信办公家具有限公司 纳税人识别号：50078620789987666E 地 址、电 话：临江市经济技术开发区玉秀路 18 号 0439-55645443 开户行及账号：工行临江市和平路支行 1102027654321234567				密码区	+/2766<98/195478204+<<<6548 098/3-+43357<>786-57947/243 +782-/5980<4*-34>>>+857*876 237<>589-57047/3-+43873*22*	
货物或应税劳务的名称	规格型号	单位	数量	单价	金额	税率	税额
运输			1	700.00	700.00	9%	63.00
合计					¥700.00		¥63.00
价税合计(大写)	⊗柒佰陆拾叁元整				（小写）¥763.00		
销货单位	名　　称：临江顺丰物流有限公司 纳税人识别号：50073420789987525A 地 址、电 话：临江市经济技术开发区玉秀路 20 号 0439-5645446 开户行及账号：工行临江市昌平路支行 2202027654321234534				备注	（临江顺丰物流有限公司 50073420789987525A 发票专用章）	

收款人：赵杰　　复核：黄波　　开票人：李会　　销售方：（章）

第三联：发票联　购货方记账凭证

图 2-60　增值税专用发票(发票联)

材料入库单（记账凭单）

供货单位：佳多木材厂　　材料类别：板材　　编号：0013

发票号码：36591207　　材料编号：　002、003　　仓库：材料仓

2021 年 11 月 05 日

材料名称	计量单位	规格型号	数量		实际成本				
			应收	实收	单价	金额	运杂费	其他	合计
杉木指接板	张		500	500	160.00	80 000.00	500.00		¥80 500.00
密度板	张		200	200	40.00	8 000.00	200.00		¥8 200.00
备注：					合计	¥88 000.00	¥700.00		¥88 700.00

采购：林同　　检验：李欢　　保管：李欢　　主管：丁一　　财务：吕凤

图 2-61　材料入库单

商　业　承　兑　汇　票（存　根）　　10200060

出票日期（大写）　贰零贰壹 年　壹拾壹 月　零伍 日　　66305421

付款人	全称	立信办公家具有限公司	收款人	全称	佳多木材厂
	账号	1102027654321234567		账号	6453634748292000321
	开户银行	工行临江市和平路支行		开户银行	建设银行幸福路支行
出票金额		人民币（大写）玖万玖仟肆佰肆拾元整	亿 千 百 十 万 千 百 十 元 角 分		¥ 9 9 4 4 0 0 0
汇票到期日（大写）		贰零贰贰年零贰月零伍日	付款人开户行	行号	5648
交易合同号码		HT20211109		地址	临江市经济技术开发区玉秀路18号
备注：			立信办公家具有限公司 财务专用章　张利胜印		出票人签章

此联承兑人留存

图 2-62　商业承兑汇票

训练提示：

材料入库单是对采购材料入库数量的确认，也是对采购人员和供应商的一种监控。如果缺乏材料入库的控制，采购人员与供应商串通舞弊，虚报采购量、材料短少的风险会提高。它是企业内部管理和控制的重要凭证。材料入库单一般为一式多联：一联验收人员留存，一联交仓库保管人员据以登记明细账，一联连同发票交财会部门办理结算。

材料入库单主要项目有：供应商名称、单据编号、材料类别、材料编号、材料名称、规格、单位、数量、单价、总价等；企业应根据实际收到的原材料记录，最后由相关人员签字或盖章。

活动一：根据材料入库单的训练提示和实例，完成材料入库单的填写。

2021 年 11 月 15 日，立信办公家具有限公司向佳多木材厂（纳税人识别号：54658293020200299B；地址：临江市河西区幸福路 45 号；电话：0439－35647890；开户银

行：建设银行幸福路支行；账号：6453634748292000321，合同编号：HT20211115）购入杉木指接板 300 张，每张价格为 159 元；密度板 400 张，每张价格为 39 元。以现金支付运费 763 元，取得运输公司开具的运输专用发票。立信办公家具有限公司收到增值税专用发票，但价税款尚未支付，材料已经验收入库（以材料数量为标准分配运费）。具体如图 2-63 至图 2-66 所示，并完成图 2-67。

5000223130　　吉林省增值税专用发票　　No. 2150291120

抵扣联　　（全国统一发票监制章 吉林 国家税务总局监制）

开票日期：2021. 11. 15

购货单位	名　　称：立信办公家具有限公司 纳税人识别号：50078620789987666E 地 址、电 话：临江市经济技术开发区玉秀路 18 号　0439-55645443 开户行及账号：工行临江市和平路支行 1102027654321234567				密码区	+/76*76*98<->876*98</87395* <<<-12<+64369+/434561<>786 0>+279/3-+-/232/5980<4*-34> +782->>+857*8762->>+857*821	
货物或应税劳务的名称	规格型号	单位	数量	单价	金额	税率	税额
杉木指接板		张	300	159.00	47 700.00	13%	6 201.00
密度板		张	400	39.00	15 600.00	13%	2 028.00
合计					¥63 300.00		¥8 229.00
价税合计（大写）	⊗柒万壹仟伍佰贰拾玖元整				（小写）¥71 529.00		
销货单位	名　　称：佳多木材厂 纳税人识别号：54658293020200299B 地 址、电 话：临江市河西区幸福路 45 号　0439-35647890 开户行及账号：建设银行幸福路支行 6453634748292000321				备注	佳多木材厂 54658293020200299B 发票专用章	

收款人：周梦龙　　复核：张海霞　　开票人：李伟　　销售方：（章）

第二联：抵扣联　购货方扣税凭证

图 2-63　增值税专用发票（抵扣联）

5000223130　　吉林省增值税专用发票　　No. 2150291120

发票联　　（全国统一发票监制章 吉林 国家税务总局监制）

开票日期：2021. 11. 15

购货单位	名　　称：立信办公家具有限公司 纳税人识别号：50078620789987666E 地 址、电 话：临江市经济技术开发区玉秀路 18 号　0439-55645443 开户行及账号：工行临江市和平路支行 1102027654321234567				密码区	+/76*76*98<->876*98</87395* <<<-12<+64369+/434561<>786 0>+279/3-+-/232/5980<4*-34> +782->>+857*8762->>+857*821	
货物或应税劳务的名称	规格型号	单位	数量	单价	金额	税率	税额
杉木指接板		张	300	159.00	47 700.00	13%	6 201.00
密度板		张	400	39.00	15 600.00	13%	2 028.00
合计					¥63 300.00		¥8 229.00
价税合计（大写）	⊗柒万壹仟伍佰贰拾玖元整				（小写）¥71 529.00		
销货单位	名　　称：佳多木材厂 纳税人识别号：54658293020200299B 地 址、电 话：临江市河西区幸福路 45 号　0439-35647890 开户行及账号：建设银行幸福路支行 6453634748292000321				备注	佳多木材厂 54658293020200299B 发票专用章	

收款人：周梦龙　　复：张海霞　　开票人：李伟　　销售方：（章）

第三联：发票联　购货方记账凭证

图 2-64　增值税专用发票（发票联）

5000223130　　吉林省增值税专用发票　　No. 36591209

全国统一发票监制章 吉林 国家税务总局监制

抵扣联

开票日期：2021. 11.15

购货单位	名　　称：立信办公家具有限公司 纳税人识别号：50078620789987666E 地 址、电 话：临江市经济技术开发区玉秀路 18 号　0439-55645443 开户行及账号：工行临江市和平路支行　1102027654321234567				密码区	+/2766<98/195478204+<<<6548 098/3-+43357<>786-57947/243 +782-/5980<4*-34>>>+857*876 237<>589-57047/3-+43873*22*	
货物或应税劳务的名称	规格型号	单位	数量	单价	金额	税率	税额
运输			1	700.00	700.00	9%	63.00
合计					¥700.00		¥63.00
价税合计(大写)	⊗柒佰陆拾叁元整				（小写）¥763.00		
销货单位	名　　称：临江顺丰物流有限公司 纳税人识别号：50073420789987525A 地 址、电 话：临江市经济技术开发区玉秀路 20 号　0439-5645446 开户行及账号：工行临江市昌平路支行　2202027654321234534				备注	临江顺丰物流有限公司 50073420789987525A 发票专用章	

收款人：赵杰　　复核：黄波　　开票人：李会　　销售方：（章）

第二联：抵扣联　购货方扣税凭证

图 2-65　增值税专用发票(抵扣联)

5000223130　　吉林省增值税专用发票　　No. 36591209

全国统一发票监制章 吉林 国家税务总局监制

发票联

开票日期：2021. 11.15

购货单位	名　　称：立信办公家具有限公司 纳税人识别号：50078620789987666E 地 址、电 话：临江市经济技术开发区玉秀路 18 号　0439-55645443 开户行及账号：工行临江市和平路支行　1102027654321234567				密码区	+/2766<98/195478204+<<<6548 098/3-+43357<>786-57947/243 +782-/5980<4*-34>>>+857*876 237<>589-57047/3-+43873*22*	
货物或应税劳务的名称	规格型号	单位	数量	单价	金额	税率	税额
运输			1	700.00	700.00	9%	63.00
合计					¥700.00		¥63.00
价税合计(大写)	⊗柒佰陆拾叁元整				（小写）¥763.00		
销货单位	名　　称：临江顺丰物流有限公司 纳税人识别号：50073420789987525A 地 址、电 话：临江市经济技术开发区玉秀路 20 号　0439-5645446 开户行及账号：工行临江市昌平路支行　2202027654321234534				备注	临江顺丰物流有限公司 50073420789987525A 发票专用章	

收款人：赵杰　　复核：黄波　　开票人：李会　　销售方：（章）

第三联：发票联　购货方记账凭证

图 2-66　增值税专用发票(发票联)

材料入库单（记账凭单）

供货单位：　　　　　　　　材料类别：　　　　　　　　编号：
发票号码：　　　　　　　　材料编号：　　　　　　　　仓库：

年　月　日

材料名称	计量单位	规格型号	数量		实际成本				
			应收	实收	单价	金额	运杂费	其他	合计
备注：					合计				

采购：　　检验：　　保管：　　主管：　　财务：

图 2-67　材料入库单

活动二：（拓展与提高）比一比谁填写的材料入库单及转账支票更规范、正确。

2021 年 11 月 20 日，从临江市五金材料公司购入辅助材料钉子 5 千克，单价为 160 元；螺丝 30 盒，单价为 100 元，共计 3 800 元，取得普通发票（图 2-68），开出转账支票支付，材料已经验收入库。据此完成图 2-69、图 2-70。

吉林省　国家税务局通用机打发票

全国统一发票监制章　吉林　国家税务总局监制

发　票　联

发票代码　临江 00161140
发票号码　36566790
机打号码　83368806

开票日期：2021 年 11 月 20 日　行业分类：商业

购货单位名称：立信办公家具有限公司　　税务登记代码：50078620789987666E
购货单位地址：临江市经济技术开发区玉秀路 18 号　　开户银行：工行临江市和平路支行
购货单位电话：0439-55645443　　银行账号：1102027654321234567

品名	规格	单位	数量	单价	金额
钉子		千克	5	160.00	800.00
螺丝		盒	30	100.00	3000.00

金额合计：人民币叁仟捌佰元整　　（小写）¥3 800.00

收款单位名称（盖章）：　　税务登记代码：432156789012345678
地　址：临江市经济技术开发区玉秀路 97 号　　开户银行：工行临江市和平路支行
电　话：0439-55643328　　银行账号：2134567754328905685

临江市五金材料公司　432156789012345678　发票专用章

收款人：王凯　　复核：盛一凡　　开票人：胡辉

第一联：发票联（购货单位付款凭证）（手开无效）

图 2-68　通用机打发票

中国工商银行
转账支票存根
JL211120
20211120

附加信息

出票日期　　年　月　日

收款人：
金　额：
用　途：

单位主管　　会计

中国工商银行　转账支票　　JL211120 20211120

出票日期（大写）　　年　　月　　日　付款行名称：

收款人：　　出票人账号：

付款期限自出票之日起十天

人民币（大写）	亿	千	百	十	万	千	百	十	元	角	分

用途　　密码

上列款项请从　　行号

我账户内支付

出票人签章　　复核　　记账

图 2-69　转账支票

材料入库单（记账凭单）

供货单位：　　**材料类别：**　　**编号：**

发票号码：　　**材料编号：**　　**仓库：**

年　　月　　日

材料名称	计量单位	规格型号	数量		实际成本				
			应收	实收	单价	金额	运杂费	其他	合计
备注：					合计				

采购：　　**检验：**　　**保管：**　　**主管：**　　**财务：**

图 2-70　材料入库单

任务九　填写产品入库单

产品入库单属于企业自制原始凭证。根据入库商品来源的不同，产品入库单可以分为外购商品入库单和产成品入库单。

外购商品入库单是指企业从其他单位采购的产品入库时所填写的单据。它除了记录商品的名称、编号、实际验收数量、进货价格等内容外，还要记录与采购有关的合同编号、采购价格、结算方式等内容。

产成品入库单是用以表示企业自己生产的产品存入仓库的凭证。它除了包括产品的基本信息，还包括产品的生产日期、质量检验等内容。产品检验合格后，仓库保管员应根据验收的结果，如实填写产品入库单。

实例 2-9　2021 年 11 月 10 日，办公桌椅 200 套、实木沙发 10 套已经完工入库(已知生产办公桌椅耗费直接材料 110 000 元、直接人工 40 000 元、制造费用 18 000 元；生产实木沙发耗费直接材料 18 000 元、直接人工 5 000 元、制造费用 1 500 元)。具体如图 2-71 所示。

产 成 品 入 库 单 （记账凭单）

交库单位：立信办公家具有限公司　　2021 年 11 月 10 日　　编号：211101

产品名称	规格型号	单位	交付数量	检查结果		实收数量	金额
				合格	不合格		
办公桌椅		套	200	√		200	¥168 000.00
实木沙发		套	10	√		10	¥24 500.00

② 转财务科

采购：　检验：覃胜　保管：李欢　主管：丁一　财务：吕凤

图 2-71　产成品入库单

训练提示：

外购商品入库单一般为一式三联，第一联留作仓库登记实物账；第二联交给采购部门，作为采购人员办理付款的依据；第三联交给财务部门记账。根据不同需要，外购商品入库单也可增加一联，交给送货人员，使其作为商品已经送到的依据。

产成品入库单一般为一式三联，第一联留作仓库存根记账，第二联交生产部门，第三联交财务部门核算。

产成品入库单要求填写：收货单位(部门)、入库日期、供应商名称及编号、商品编号、商品名称、计量单位、数量、金额等内容，且制单人、复核人、采购人、仓库保管人均需签名确认。仓库管理员于每日工作结束后，将入库单存根整理好，统一保存。

活动一：根据填写产成品入库单的训练提示和实例，完成产成品入库单的填写。

2021 年 11 月 20 日，办公桌椅 250 套、实木沙发 15 套已经完工入库(已知生产办公桌椅耗费直接材料 137 500 元、直接人工 50 000 元、制造费用 22 500 元；生产实木沙发耗费直接材料 27 000 元、直接人工 7 500 元、制造费用 2 250 元)。据此完成图 2-72。

产 成 品 入 库 单 （记账凭单）

交库单位：　　年　月　日　　编号：

产品名称	规格型号	单位	交付数量	检查结果		实收数量	金额
				合格	不合格		

② 转财务科

采购：　检验：　保管：　主管：　财务：

图 2-72　产成品入库单

活动二：(拓展与提高)比一比谁填写的产成品入库单更规范、正确。

2021 年 11 月 30 日，办公桌椅 100 套、实木沙发 8 套已经完工入库(已知生产办公桌椅耗费直接材料 55 000 元、直接人工 20 000 元、制造费用 9 000 元；生产实木沙发耗费直接材料 14 400 元、直接人工 4 000 元、制造费用 1 200 元)。据此完成图 2-73。

产 成 品 入 库 单 (记账凭单)

交库单位: 年 月 日 编号:

产品名称	规格型号	单位	交付数量	检查结果		实收数量	金额
				合格	不合格		

②转财务科

采购: 检验: 保管: 主管: 财务:

图 2-73 产成品入库单

任务十 填写领料单和领料单汇总表

领料单是记录企业、车间或部门从仓库领用各种材料时必须履行的出库手续。领料单一般一式三联，第一联为存根，由领用材料部门带回，作为核算的依据；第二联为会计记账联，交财会部门记账；第三联为仓库记账联，由仓库作为登记原材料明细账数量减少的依据。

实例 2-10-1 2021 年 11 月 5 日，生产办公桌椅领用杉木指接板 50 张，单位成本 160 元，小计 8 000 元；生产实木沙发领用密度板 20 张，单位成本 40 元，小计 800 元；车间一般耗用辅助材料 300 元。具体如图 2-74 所示。

领 料 单

仓库：原材料库 开单日期：2021 年 11 月 05 日 单据号：211101

材料编号	材料名称	规格型号	单位	数量		实际成本	
				请领	实发	单价	金额
	杉木指接板		张	50	50	160.00	8 000.00
	密度板		张	20	20	40.00	800.00
	辅助材料						300.00
用途	生产用			领料部门		发料部门	
				负责人	领料人	核准人	发料人
					索清秋		李欢

第二联 财务

图 2-74 领料单

训练提示：

领料单汇总表根据当月的领料单汇总而成，为了便于分配计算成本，一般 1 个月汇总一次。生产产品领用材料，以生产对象(产品品种)为标准，把生产同一产品的材料耗用归集到一起。非生产产品领用材料的，按照部门的实际领用归集。

活动一：根据填写领料单的训练提示和实例，完成领料单的填写。

2021 年 11 月 8 日，生产办公桌椅领用密度板 100 张，单位成本 40 元，小计 4 000 元；生产实木沙发领用密度板 30 张，单位成本 40 元，小计 1 200 元；车间一般耗用辅助材料 200 元。据此完成图 2-75。

领　　料　　单

仓库：　　　　　　　　开单日期：　　年　　月　　日　　　　单据号：211102

材料编号	材料名称	规格型号	单位	数量		实际成本	
				请领	实发	单价	金额
用途				领料部门		发料部门	
				负责人	领料人	核准人	发料人

第二联　财务

图 2-75　领料单

活动二：(拓展与提高)比一比谁填写的领料单更规范、正确。

2021 年 11 月 10 日，生产办公桌椅领用油漆 20 桶，单位成本为 180 元，小计 3 600 元；生产实木沙发领用油漆 10 桶，单位成本为 180 元，小计 1 800 元。据此完成图 2-76。

领　　料　　单

仓库：　　　　　　　　开单日期：　　年　　月　　日　　　　单据号：211103

材料编号	材料名称	规格型号	单位	数量		实际成本	
				请领	实发	单价	金额
用途				领料部门		发料部门	
				负责人	领料人	核准人	发料人

第二联　财务

图 2-76　领料单

实例 2-10-2　汇总以上三笔(11 月 5 日、11 月 8 日、11 月 10 日)材料费用，填制领料单汇总表。具体如图 2-77 所示。

活动三：根据填写领料单汇总表的训练提示和实例，完成领料单汇总表的填写。

2021 年 11 月 30 日，汇总 11 月材料费用。具体统计材料使用情况如下：车间一般耗用辅助材料 1 000 元；生产领用杉木指接板 3 000 张，单位成本为 160 元，小计 480 000 元，其中办公桌椅耗用 2 000 张，实木沙发耗用 1 000 张；生产领用密度板 2 500 张，单位成本为 40 元，小计 100 000 元，其中办公桌椅耗用 700 张，实木沙发耗用 300 张；生产耗用油漆 50 桶，单位成本为 180 元，小计 9 000 元，其中办公桌椅耗用 35 桶，实木沙发耗用 15 桶。据此完成图 2-78。

领 料 单 汇 总 表

2021 年 11 月 12 日

名称	单位	价格	部门（用途）										合计数量
			生产车间		机修车间		供气车间		销售机构		厂管理部门		
			数量	金额	数量	金额	数量	金额	数量	金额	数量	金额	
杉木指接板	张	160.00	50	8 000.00									50
密度板	张	40.00	150	6 000.00									150
油漆	桶	180.00	30	5 400.00									30
辅助材料				500.00									
合计				¥19 900.00									

图 2-77 领料单汇总表

领 料 单 汇 总 表

年 月 日

名称	单位	价格	部门（用途）										合计数量
			生产车间		机修车间		供气车间		销售机构		厂管理部门		
			数量	金额	数量	金额	数量	金额	数量	金额	数量	金额	
合计													

图 2-78 领料单汇总表

任务十一 填写产品出库单

产品出库单是记录企业从仓库领用各种完工产品时必须履行的出库手续。产品出库单一般一式三联，第一联为存根，由销售部门带回，作为核算的依据；第二联为会计记账联，交财会部门记账；第三联为仓库记账联，由仓库作为登记产品明细账数量减少的依据。

实例 2-11 2021 年 11 月 12 日，立信办公家具有限公司销售给阳光办公家具有限公司（纳税人识别号：64748362839470055E；地址：重庆市沙坪坝区沙中路 23 号；电话：023-456234578；开户银行：工行重庆市沙中路支行；账号：3682910097927305600）办公桌椅 200 套，每套 1 200 元。立信办公家具有限公司开出增值税专用发票，货物已经发出，收到对方开来转账支票一张，支付价税款(假定月末计算出办公桌椅的单位成本是 800 元)。具体如图 2-79 至图 2-81 所示。

5000223130　　吉林省增值税专用发票　　No. 2150291113

此联不作报销、扣税凭证使用　　开票日期：2021. 11. 12

购买方	名　　称：阳光办公家具有限公司 纳税人识别号：64748362839470055E 地 址、电 话：重庆市沙坪坝区沙中路 23 号　023-456234578 开户行及账号：工行重庆市沙中路支行　3682910097927305600				密码区	+/8765*36957504+<<<-12357 <+64<->87*98</8765*369+/32 0>+57504+<<<-/3-+3215432<4* -34><>786-/34>>>+923*1504+<		
货物或应税劳务、服务名称	规格型号	单位	数量	单价	金额	税率	税额	
办公桌椅		套	200	1 200.00	240 000.00	13%	31 200.00	
合计					¥240 000.00		¥31 200.00	
价税合计(大写)	⊗贰拾柒万壹仟贰佰元整				（小写）¥271 200.00			
销售方	名　　称：立信办公家具有限公司 纳税人识别号：500786207899876666E 地 址、电 话：临江市经济技术开发区玉秀路 18 号　0439-55645443 开户行及账号：工行临江市和平路支行　1102027654321234567				备注			

第一联：记账联　销售方记账凭证

收款人：王宁　　复核：丁一　　开票人：吕凤　　销售方：（章）

图 2-79　增值税专用发票（记账联）

中国工商银行　进 账 单

2021 年 11 月 12 日

汇款人	全　称	阳光办公家具有限公司	收款人	全　称	立信办公家具有限公司
	账　号	3682910097927305600		账　号	1102027654321234567
	开户银行	工行重庆市沙中路支行		开户银行	工行临江市和平路支行
人民币（大写）	贰拾柒万壹仟贰佰元整			千百十万千百十元角分	¥ 2 7 1 2 0 0 0 0
票据种类	转账支票	票据张数	1 张		
票据号码	03600377				
单位主管　　会计 复核　　记账				中国工商银行临江市和平路支行 2021.11.12 转讫 收款人开户行盖章	

图 2-80　进账单

产品出库单

开单日期：　2021 年　11 月　12 日

编号	产品名称	规格型号	单位	数量	单价	金额	用途或原因
001	办公桌椅	XA	套	200	800.00	160 000.00	
合计				200	800.00	¥160 000.00	出售

第二联　财务记账联

保管员：　李欢　　会计：　吕凤　　经办人：李欢

图 2-81　产品出库单

训练提示：

（1）出库单要求填写收货单位(部门)、出库日期、商品编号、商品名称、规格、计量单位、数量、金额、合计金额、备注等，全部按照商品核对无误后输入，且制单人、发货人、收货人均需签名确认。

（2）单价(或单位成本)应根据当月产品的生产成本计算。

活动一：根据填写产品出库单的训练提示和实例，完成产品出库单的填写。

2021 年 11 月 15 日，立信办公家具有限公司销售给阳光办公家具有限公司(纳税人识别号：64748362839470055E；地址：重庆市沙坪坝区沙中路 23 号；电话：023-456234578，开户银行：工行重庆市沙中路支行；账号：3682910097927305600)办公桌椅 100 套，每套价格为 1 200 元。立信办公家具有限公司开出增值税专用发票，货物已经发出，收到对方开来转账支票一张(图 2-83)，支付价税款(假定月末计算出办公桌椅的单位成本是 800 元)。据此完成图 2-82、图 2-84。

5000223130　　吉林省增值税专用发票　　No. 2150291127

此联不作报销、扣税凭证使用　　开票日期：

购买方					密码区		
货物或应税劳务的名称	规格型号	单位	数量	单价	金额	税率	税额
合计							
价税合计(大写)					(小写)		
销售方					备注		

收款人：　复核：　开票人：　销售方：(章)

第一联：记账联　销售方记账凭证

图 2-82　增值税专用发票(记账联)

中国工商银行　转账支票　　CQ211105　20211105

出票日期（大写）贰零贰壹 年 壹拾壹 月 零伍 日　付款行名称：工行重庆市沙中路支行

收款人：立信办公家具有限公司　出票人账号：3682910097927305600

人民币（大写）	亿	千	百	十	万	千	百	十	元	角	分
壹拾叁万伍仟陆佰元整			¥	1	3	5	6	0	0	0	0

付款期限自出票之日起十天

用途 支付货款　　密码

上列款项请从我账户内支付　　行号

出票人签章　（阳光办公家具有限公司 财务专用章）（刘海 波印）　复核　记账

图 2-83　转账支票

产品出库单

开单日期：　　　　　　　　年　　月　　日

编号	产品名称	规格型号	单位	数量	单价	金额	用途或原因
合计							出售

第二联　财务记账联

保管员：　　　　　　　　会计：　　　　　　　　经办人：

图 2-84　产品出库单

活动二：（拓展与提高）比一比谁填写的产品出库单更规范、正确。

2021 年 11 月 25 日，立信办公家具有限公司销售给多禾计算机培训学校（纳税人识别号：647486541239875326；地址：临江市玉秀区响水路 46 号；电话：0439-53521643；开户银行：工行临江市大同路支行；账号：1102065897413659872）木沙发 1 套，每套价格为 4 000 元；办公桌椅 10 套，每套价格为 1 200 元。立信办公家具有限公司开出增值税专用发票，货物已经发出，收到对方开来银行承兑汇票一张（假定月末计算出办公桌椅的单位成本是 800 元，木沙发的单位成本是 3 200 元）。银行承兑汇票如图 2-86，另完成图 2-85、图 2-87。

5000223130　　　　吉林省增值税专用发票　　　　No. 2150291128

此联不作报销、扣税凭证使用　　　　开票日期：

<table>
<tr><td>购买方</td><td colspan="4"></td><td>密码区</td><td colspan="2"></td></tr>
<tr><td>货物或应税劳务的名称</td><td>规格型号</td><td>单位</td><td>数量</td><td>单价</td><td>金额</td><td>税率</td><td>税额</td></tr>
<tr><td>合计</td><td></td><td></td><td></td><td></td><td></td><td></td><td></td></tr>
<tr><td>价税合计（大写）</td><td colspan="7">（小写）</td></tr>
<tr><td>销售方</td><td colspan="4"></td><td>备注</td><td colspan="2"></td></tr>
</table>

第一联：记账联　销售方记账凭证

收款人：　　　　复核：　　　　开票人：　　　　销售方：（章）

图 2-85　增值税专用发票（记账联）

银行承兑汇票

2　30900040
27033031

出票日期（大写）　贰零贰壹 年 壹拾壹 月 贰拾伍 日

出票人全称	多禾计算机培训学校	收款人	全称	立信办公家具有限公司
出票人账号	1102065897413659872		账号	1102027654321234567
付款行全称	工行临江市大同路支行		开户银行	工行临江市和平路支行
出票金额	人民币（大写）壹万捌仟零捌拾元整		亿 千 百 十 万 千 百 十 元 角 分	¥ 1 8 0 8 0 0 0
汇票到期日（大写）	贰零贰壹年壹拾贰月贰拾伍日	付款行	行号	309303001900
承兑协议编号	11003E0514022		地址	工行临江市大同路支行
本汇票请你行承兑，到期无条件付款。（多禾计算机培训学校 财务专用章）（张亮 印海）出票人签章		本汇票已经承兑，到期日由本行付款。（中国工商银行大同路支行 汇票专用章）承兑行签章 承兑日期 2021 年 11 月 25 日 备注：		复核　记账

图 2-86　银行承兑汇票

产品出库单

开单日期：　　　年　　月　　日

编号	产品名称	规格型号	单位	数量	单价	金额	用途或原因
合计							出售

保管员：　　　会计：　　　经办人：

第二联 财务记账联

图 2-87　产品出库单

任务十二　填写商业汇票

汇票分为商业汇票和银行汇票；商业汇票按照承兑人不同，分为商业承兑汇票和银行承兑汇票。本任务通过观察实例、阅读训练提示，学会商业汇票的填写方法，能够独立填写商业汇票。

实例 2-12-1　2021 年 11 月 10 日，立信办公家具有限公司向佳多木材厂（纳税人识别号：5465829302020299B，地址：临江市河西区幸福路 45 号；电话：0439-35647890；开户银行：建设银行幸福路支行；账号：6453634748292000321；合同编号：HT20141209）购入杉木指接板 300 张，每张 159 元；密度板 200 张，每张 39 元。收到增值税专用发票，开出期限 3 个月的商业承兑汇票一张，支付价税款。佳多木材厂以现金代垫运费 545 元，收到运输公司开具运输专用发票一张，注明运费 500 元，增值税 45 元(以材料数量为标准分配运费)。材料已经验收入库。具体如图 2-88 至图 2-93 所示。

5000223130　　吉林省增值税专用发票　　No. 2150290210

抵扣联　　开票日期：2021. 11. 10

购买方	名　　称：立信办公家具有限公司 纳税人识别号：50078620789987666E 地 址、电 话：临江市经济技术开发区玉秀路 18 号 0439-55645443 开户行及账号：工行临江市和平路支行 1102027654321234567				密码区	+/9966<98/198533204+<<<-123 90<+64<->876*98</8765*369+/ 0>+216>2>7/3-+47561<>786-/2 +782-/5432<4*-34>>>+923*966		
货物或应税劳务的名称	规格型号	单位	数量	单价	金额	税率	税额	
运输服务				500.00	500.00	9%	45.00	
合计					¥500.00		¥45.00	
价税合计(大写)	⊗伍佰肆拾伍元整				（小写）¥545.00			
销售方	名　　称：临江顺丰物流有限公司 纳税人识别号：50073420789987525A 地 址、电 话：临江市经济技术开发区玉秀路 20 号 0439-5645446 开户行及账号：工行临江市昌平路支行 2202027654321234534				备注	临江顺丰物流有限公司 50073420789987525A 发票专用章		

第二联：抵扣联　购买方扣税凭证

收款人：赵杰　　复核：黄波　　开票人：李会　　销售方：(章)

图 2-88　增值税专用发票(抵扣联)

5000223130　　吉林省增值税专用发票　　No. 2150290210

发票联　　开票日期：2021. 11. 10

购买方	名　　称：立信办公家具有限公司 纳税人识别号：50078620789987666E 地 址、电 话：临江市经济技术开发区玉秀路 18 号 0439-55645443 开户行及账号：工行临江市和平路支行 1102027654321234567				密码区	+/9966<98/198533204+<<<-123 90<+64<->876*98</8765*369+/ 0>+216>2>7/3-+47561<>786-/2 +782-/5432<4*-34>>>+923*966		
货物或应税劳务的名称	规格型号	单位	数量	单价	金额	税率	税额	
运输服务				500.00	500.00	9%	45.00	
合计					¥500.00		¥45.00	
价税合计(大写)	⊗伍佰肆拾伍元整				（小写）¥545.00			
销售方	名　　称：临江顺丰物流有限公司 纳税人识别号：50073420789987525A 地 址、电 话：临江市经济技术开发区玉秀路 20 号 0439-5645446 开户行及账号：工行临江市昌平路支行 2202027654321234534				备注	临江顺丰物流有限公司 50073420789987525 发票专用章		

第三联：发票联　购买方记账凭证

收款人：赵杰　　复核：黄波　　开票人：李会　　销售方：(章)

图 2-89　增值税专用发票(发票联)

5000223130　　**吉林省增值税专用发票**　　No. 2150290115

抵　扣　联　　开票日期：2021. 11. 10

全国统一发票监制章 吉林 国家税务总局监制

购货单位	名　　称：立信办公家具有限公司 纳税人识别号：50078620789987666E 地 址、电 话：临江市经济技术开发区玉秀路 18 号　0439-55645443 开户行及账号：工行临江市和平路支行 1102027654321234567			密码区	+/76*76*98<->876*98</87395* <<<-12<+64369+/434561<>786 0>+279/3-+-/232/5980<4*-34> +782->>+857*8762->>+857*821		
货物或应税劳务的名称	规格型号	单位	数量	单价	金额	税率	税额
杉木指接板		张	300	159.00	47 700.00	13%	6 201.00
密度板		张	200	39.00	7 800.00	13%	1 014.00
合计					¥55 500.00		¥7 215.00
价税合计(大写)	⊗陆万贰仟柒佰壹拾伍元整				（小写）¥62 715.00		
销货单位	名　　称：佳多木材厂 纳税人识别号：54658293020200299B 地 址、电 话：临江市河西区幸福路 45 号　0439-35647890 开户行及账号：建设银行幸福路支行 6453634748292000321			备注	佳多木材厂 54658293020200299B 发票专用章		

收款人：周梦龙　　复核：张海霞　　开票人：李伟　　销售方：（章）

第二联：抵扣联　购货方扣税凭证

图 2-90　增值税专用发票(抵扣联)

5000223130　　**吉林省增值税专用发票**　　No. 2150290115

发　票　联　　开票日期：2021. 11. 10

全国统一发票监制章 吉林 国家税务总局监制

购货单位	名　　称：立信办公家具有限公司 纳税人识别号：50078620789987666E 地 址、电 话：临江市经济技术开发区玉秀路 18 号　0439-55645443 开户行及账号：工行临江市和平路支行 1102027654321234567			密码区	+/76*76*98<->876*98</87395* <<<-12<+64369+/434561<>786 0>+279/3-+-/232/5980<4*-34> +782->>+857*8762->>+857*821		
货物或应税劳务的名称	规格型号	单位	数量	单价	金额	税率	税额
杉木指接板		张	300	159.00	47 700.00	13%	6 201.00
密度板		张	200	39.00	7 800.00	13%	1 014.00
合计					¥55 500.00		¥7 215.00
价税合计(大写)	⊗陆万贰仟柒佰壹拾伍元整				（小写）¥62 715.00		
销货单位	名　　称：佳多木材厂 纳税人识别号：54658293020200299B 地 址、电 话：临江市河西区幸福路 45 号　0439-35647890 开户行及账号：建设银行幸福路支行 6453634748292000321			备注	佳多木材厂 54658293020200299B 发票专用章		

收款人：周梦龙　　复：张海霞　　开票人：李伟　　销售方：（章）

第三联：发票联　购货方记账凭证

图 2-91　增值税专用发票(发票联)

材　料　入　库　单

收料仓库：原材料库　　　　2021 年 11 月 10 日　　　　收料单编号：211101

材料名称	单位	数量		单价	材料金额	运杂费	其他	合计
		应收数	实收数					
杉木指接板	张	300	300	159.00	47 700.00	300.00		¥48 000.00
密度板	张	200	200	39.00	7 800.00	200.00		¥8 000.00
合　计					¥55 500.00	¥500.00		¥56 000.00
备　注								

财务联

主管：丁一　　财务：吕风　　入库验收：杨平　　仓库保管：李欢

图 2-92　材料入库单

商业承兑汇票（卡　片）　　1　　20800360

37033028

出票日期（大写）　贰零贰壹 年 壹拾壹 月 零壹拾 日

付款人	全称	立信办公家具有限公司	收款人	全称	佳多木材厂
	账号	110202765432l234567		账号	6453634748292000321
	开户银行	工行临江市和平路支行		开户银行	建设银行幸福路支行

出票金额	人民币（大写）陆万叁仟贰佰陆拾元整	亿	千	百	十	万	千	百	十	元	角	分
					¥	6	3	2	6	0	0	0

汇票到期日（大写）	贰零贰贰年零贰月零壹拾日	付款人开户行	行号	209303006831
交易合同号码	HT20141209		地址	工行临江市和平路支行
备注：		立信办公家具有限公司 财务专用章　张胜利印　出票人签章		

此联承兑人留存

图 2-93　商业承兑汇票

实例 2-12-2　2021 年 11 月 15 日，立信办公家具有限公司销售给多禾计算机培训学校（纳税人识别号：647486541239875326；地址：临江市玉秀区响水路 46 号；电话：0439-53521643；开户银行：工行临江市大同路支行；账号：1102065897413659872）木沙发 1 套，每套 4 000 元；办公桌椅 10 套，每套 1 200 元。立信办公家具有限公司开出增值税专用发票，收到对方开来银行承兑汇票一张（假定月末计算出办公桌椅的单位成本是 800 元，木沙发的单位成本是 3 200 元）。具体如图 2-94 至图 2-96 所示。

银行承兑汇票　　2　　30900040
27033030

出票日期（大写）　贰零贰壹 年 壹拾壹 月 壹拾伍 日

出票人全称	多禾计算机培训学校	收款人	全称	立信办公家具有限公司
出票人账号	1102065897413659872		账号	1102027654321234567
付款行全称	工行临江市大同路支行		开户银行	工行临江市和平路支行
出票金额	人民币（大写）壹万捌仟零捌拾元整		亿 千 百 十 万 千 百 十 元 角 分	¥ 1 8 0 8 0 0 0
汇票到期日（大写）	贰零贰贰年零贰月壹拾伍日	付款行	行号	309303001900
承兑协议编号	11003E0514023		地址	工行临江市大同路支行
本汇票请你行承兑，到期无条件付款。 多禾计算机培训学校 财务专用章　亮张印海 出票人签章		本汇票已经承兑，到期日由本行付款。 中国工商银行大同路支行 汇票专用章 承兑行签章 承兑日期 2021 年 11 月 15 日 备注：		复核　记账

图 2-94　银行承兑汇票

产品出库单

开单日期：　2021 年 11 月 15 日

编号	产品名称	规格型号	单位	数量	单价	金额	用途或原因
001	办公桌椅	XA	套	10	800.00	8 000.00	
002	木沙发	XB	套	1	3 200.00	3 200.00	
合计						¥11 200.00	出售

保管员：　李欢　　会计：　吕凤　　经办人：李欢

图 2-95　产品出库单

5000223130　　吉林省增值税专用发票　　No. 2150291115

此联不作报销、扣税凭证使用　　开票日期：2021. 11. 15

购买方	名　　称：多禾计算机培训学校 纳税人识别号：647486541239875326 地 址、电 话：临江市玉秀区响水路 46 号　0439-53521643 开户行及账号：工商银行临江市大同路支行 1102065897413659872			密码区	+/9999<98/198533204+<<<-123 90<+64<->876*98</8765*369+/ 0>+216>2>7/3-+47561<>786-/2 +782-/5432<4*-34>>>+923*999		
货物或应税劳务的名称	规格型号	单位	数量	单价	金额	税率	税额
木沙发		套	1	4 000.00	4 000.00	13%	520.00
办公桌椅		套	10	1 200.00	1 200.00	13%	1 560.00
合计					¥16 000.00		¥2 080.00
价税合计(大写)	⊗壹万捌仟零捌拾元整				（小写）¥18 080.00		
销售方	名　　称：立信办公家具有限公司 纳税人识别号：50078620789987666E 地 址、电 话：临江市经济技术开发区玉秀路 18 号 0439-55645443 开户行及账号：工行临江市和平路支行 1102027654321234567			备注			

收款人：王宁　　复核：丁一　　开票人：吕凤　　销售方：(章)

第一联：记账联　销售方记账凭证

图 2-96　增值税专用发票(记账联)

训练提示：

商业承兑汇票一式三联。第一联为卡片，由承兑人(付款单位)留存；第二联为商业承兑汇票，由收款人开户银行随结算凭证寄付款人开户银行作付出传票附件；第三联为存根，由签发人存查。在商品交易中，销货人向购货人索取货款的汇票时，存款人必须在汇票的正面签“承兑”字样，加盖银行预留印鉴。在汇票到期前付款人应向开户银行交足票款。汇票到期后，银行凭票从付款单位账户划转给收款人或贴现银行。汇票到期若付款人账户不足支付，开户银行将汇票退收款人，由收、付双方自行解决。同时对付款人比照空头支票规定，处以票面金额1%的罚金。

银行承兑汇票一式四联。第一联为卡片，由承兑银行支付票款时作付出传票；第二联由收款人开户行向承兑银行收取票款时作联行往来账付出传票；第三联为解讫通知联，由收款人开户银行收取票款时随报单寄给承兑行，承兑行作付出传票附件；第四联为存根联，由签发单位编制有关凭证。付款单位出纳人员在填制银行承兑汇票时，应当逐项填写银行承兑汇票中签发日期，收款人和承兑申请人(即付款单位)的单位全称、账号、开户银行，汇票金额大、小写，汇票到期日、交易合同编号等内容，并在银行承兑汇票的第一联、第二联、第三联的“汇票签发人盖章”处加盖预留银行印签及负责人和经办人印章。

活动一：根据填写商业承兑汇票的训练提示和实例，完成商业承兑汇票的填写。

2021年11月20日，立信办公家具有限公司向佳多木材厂(纳税人识别号：54658293020200299B；地址：临江市河西区幸福路45号；电话：0439-35647890；开户银行：建设银行幸福路支行；账号：6453634748292000321；合同编号：HT20211120)购入杉木指接板100张，每张价格160元；密度板50张，每张价格40元。收到增值税专用发票，开出期限1个月的商业承兑汇票一张，支付价税款。材料已经验收入库。具体如图2-97、图2-98所示，并完成图2-99、图2-100。

5000223130　　吉林省增值税专用发票　　No. 2150290126

抵扣联　　开票日期：2021.11.20

购买方	名称：立信办公家具有限公司 纳税人识别号：50078620789987666E 地址、电话：临江市经济技术开发区玉秀路18号 0439-55645443 开户行及账号：工行临江市和平路支行 1102027654321234567				密码区	+/1100<98/198533204+<<<-123 90<+64<->876*98</8765*369+/ 0>+216>2>7/3-+47561<>786-/2 +782-/5432<4*-34>>>+923*100	
货物或应税劳务的名称	规格型号	单位	数量	单价	金额	税率	税额
杉木指接板		张	100	160.00	16 000.00	13%	2 080.00
密度板		张	50	40.00	2 000.00	13%	260.00
合计					¥18 000.00		¥2 340.00
价税合计(大写)	⊗贰万零叁佰肆拾元整				(小写)¥20 340.00		
销售方	名称：佳多木材厂 纳税人识别号：54658293020200299B 地址、电话：临江市河西区幸福路45号 0439-35647890 开户行及账号：建设银行幸福路支行 6453634748292000321				备注	佳多木材厂 54658293020200254658 发票专用章	

第二联：抵扣联 购买方扣税凭证

收款人：周梦龙　　复核：张海霞　　开票人：李伟　　销售方：(章)

图2-97　增值税专用发票(抵扣联)

5000223130　　**吉林省增值税专用发票**　　No. 2150290126

发票联（全国统一发票监制章 吉林 国家税务总局监制）　　开票日期：2021.11.20

购买方	名　　称：立信办公家具有限公司 纳税人识别号：50078620789987666E 地 址、电 话：临江市经济技术开发区玉秀路 18 号 0439-55645443 开户行及账号：工行临江市和平路支行 1102027654321234567				密码区	+/1100<98/198533204+<<<-123 90<+64<->876*98</8765*369+/ 0>+216>2>7/3-+47561<>786-/2 +782-/5432<4*-34>>>+923*100	
货物或应税劳务的名称	规格型号	单位	数量	单价	金额	税率	税额
杉木指接板		张	100	160.00	16 000.00	13%	2 080.00
密度板		张	50	40.00	2 000.00	13%	260.00
合计					¥18 000.00		¥2 340.00
价税合计(大写)	⊗贰万零叁佰肆拾元整				（小写）¥20 340.00		
销售方	名　　称：佳多木材厂 纳税人识别号：546582930202002998 地 址、电 话：临江市河西区幸福路 45 号 0439-35647890 开户行及账号：建设银行幸福路支行 6453634748292000321				备注	佳多木材厂 5465829302020025465 发票专用章	

收款人：周梦龙　　复核：张海霞　　开票人：李伟　　销售方：（章）

第三联：发票联　购买方记账凭证

图 2-98　增值税专用发票(发票联)

商业承兑汇票（卡　片）　　1　　20800360

出票日期（大写）　　年　　月　　日　　37033029

付款人	全称		收款人	全称	
	账号			账号	
	开户银行			开户银行	
出票金额	人民币（大写）			亿 千 百 十 万 千 百 十 元 角 分	
汇票到期日（大写）			付款人开户行	行号	
交易合同号码				地址	
备注：					出票人签章

此联承兑人留存

图 2-99　商业承兑汇票

材　料　入　库　单

收料仓库：　　年　　月　　日　　收料单编号：211102

材料名称	单位	数量		单价	材料金额	运杂费	其他	合计
		应收数	实收数					
合　　计								
备　注								

主管：　　财务：　　入库验收：　　仓库保管：

财务联

图 2-100　材料入库单

活动二：根据填写银行承兑汇票的训练提示和实例，完成银行承兑汇票的填写。

2021 年 11 月 25 日，立信办公家具有限公司销售给多禾计算机培训学校（纳税人识别号：647486541239875326；地址：临江市玉秀区响水路 46 号；电话：0439－53521643；开户银行：工行临江市大同路支行；账号：1102065897413659872）木沙发 2 套，每套 4 000 元；办公桌椅 5 套，每套 1 200 元。开出增值税专用发票，收到对方开来银行承兑汇票一张。（假定月末计算出办公桌椅的单位成本是 800 元，木沙发的单位成本是 3 200 元）。具体如图 2－101、图 2－102 所示，并完成图 2－103。

5000223130　　吉林省增值税专用发票　　No. 2150291119

此联不作报销、扣税凭证使用　　开票日期：2021. 11. 25

购买方	名　　称：多禾计算机培训学校 纳税人识别号：647486541239875326 地 址、电 话：临江市玉秀区响水路 46 号　0439-53521643 开户行及账号：工行临江市大同路支行　1102065897413659872				密码区	+/2211<98/198533204+<<<-123 90<+64<->876*98</8765*369+/ 0>+216>2>7/3-+47561<>786-/2 +782-/5432<4*-34>>>+923*211		
货物或应税劳务、服务名称	规格型号	单位	数量	单价	金额	税率	税额	
木沙发		套	2	4 000.00	8 000.00	13%	1 040.00	
办公桌椅		套	5	1 200.00	6 000.00	13%	780.00	
合计					¥14 000.00		¥1 820.00	
价税合计（大写）	⊗壹万伍仟捌佰贰拾元整				（小写）¥15 820.00			
销售方	名　　称：立信办公家具有限公司 纳税人识别号：50078620789987666E 地 址、电 话：临江市经济技术开发区玉秀路 18 号 0435-55645443 开户行及账号：工行临江市和平路支行　1102027654321234567				备注			

第一联：记账联　销售方记账凭证

收款人：XXX　　复核：丁一　　开票人：吕凤　　销售方：（章）

图 2－101　增值税专用发票（记账联）

产品出库单

开单日期：　　2021　年　11　月　25　日

编号	产品名称	规格型号	单位	数量	单价	金额	用途或原因
001	办公桌椅	XA	套	5	800.00	4 000.00	
002	木沙发	XB	套	2	3 200.00	6 400.00	
合计						¥10 400.00	出售

保管员：　李欢　　会计：　吕凤　　经办人：李欢

图 2－102　产品出库单

银行承兑汇票　　2　　30900040
27033031

出票日期（大写）　　年　　月　　日

出票人全称		收款人	全称	
出票人账号			账号	
付款行全称			开户银行	
出票金额	人民币（大写）			亿 千 百 十 万 千 百 十 元 角 分
汇票到期日（大写）		付款行	行号	
承兑协议编号			地址	
本汇票请你行承兑，到期无条件付款。 出票人签章		本汇票已经承兑，到期日由本行付款。 承兑行签章 承兑日期　年　月　日 备注：		复核　记账

图 2-103　银行承兑汇票

任务十三　填写库存现金盘点表

库存现金的清查是通过实地盘点的方法，确定库存现金的实存数，再与现金日记账的账面余额进行核对，以查明盈亏情况。盘点库存现金通常包括对已收到但未存入银行的现金、零用金、找换金等所进行的盘点。

本任务通过观察实例、阅读训练提示，掌握库存现金盘点表的填写方法，能够独立填写库存现金盘点表。

实例 2-13　2021 年 11 月 10 日，财务科对现金日记账及库存现金进行清查，现金日记账当日余额为 2 100 元；盘点库存现金时，100 元 15 张、50 元 2 张、20 元 5 张、10 元 5 张、5 元 10 张、1 元 20 张；盘点还发现：借据一张 300 元；处理废品收到现金 150 元；支付购买办公用品 210 元。具体如图 2-104 和图 2-105 所示。

库存现金盘点表					
单位：立信办公家具有限公司			盘点日期：2021 年 11 月 10 日		
票面金额	张数	金额	票面金额	张数	金额
壹佰元	15	1 500. 00	伍　角		
伍拾元	2	100. 00	贰　角		
贰拾元	5	100. 00	壹　角		
拾　元	5	50. 00	伍　分		
伍　元	10	50. 00	贰　分		
贰　元			壹　分		
壹　元	20	20. 00	合　计	57	1 820. 00
加：收入凭证未记账					
减：付出凭证未记账				1	210. 00
加：跨日收入				1	150. 00
加：跨日借条				1	300. 00
调整后实际账面余额：					2 060. 00
现金日记账账面余额：					2 100. 00
差额：					40. 00
处理意见：出纳人员工作疏忽造成短款，由其负责赔偿。					

主管：丁一　　会计：吕风　　核点：王宁

图 2-104　库存现金盘点表

库存现金盘点报告表

2021 年 11 月 10 日

单位名称：立信办公家具有限公司

实存金额	账存金额	盘亏情况		备注
		盘盈数	盘亏数	
2 060. 00	2 100. 00		40. 00	
处理意见：出纳人员工作疏忽造成短款，由其负责赔偿。				

主管：丁一　　会计：吕风　　核点：王宁

图 2-105　库存现金盘点报告表

训练提示：

（1）现金盘点表需要根据当日的现金来确认，如果存在支付未收或未付的票据也需要填上金额。

（2）还包括盘点日期和盘点人(核点人、出纳)、监盘人(会计主管或审计负责人员)的签章。

（3）可以根据本单位的实际情况自制库存现金盘点表。

活动一：根据填写库存现金盘点表的训练提示和实例，完成库存现金盘点表的填写。

2021 年 11 月 15 日，财务科对现金日记账及库存现金进行清查，现金日记账当日余额为 3 200 元；盘点库存现金时，100 元 20 张、50 元 4 张、20 元 10 张、10 元 5 张、5 元 10 张、1 元 50 张；盘点还发现：借据一张 500 元；处理废品收到现金 200 元；支付购买办公用品 100 元，未入账。据此完成图 2-106。

库存现金盘点表					
单位：			盘点日期：　　年　　月　　日		
票面金额	张数	金额	票面金额	张数	金额
壹佰元			伍　角		
伍拾元			贰　角		
贰拾元			壹　角		
拾　元			伍　分		
伍　元			贰　分		
贰　元			壹　分		
壹　元			合　计		
加：收入凭证未记账					
减：付出凭证未记账					
加：跨日收入					
加：跨日借条					
调整后实际账面余额：					
现金日记账账面余额：					
差额：					
处理意见：					

主管：　　会计：　　核点：

图 2-106　库存现金盘点表

活动二： 比一比谁填写的库存现金盘点表更规范、正确。

2021 年 11 月 20 日，财务科对现金日记账及库存现金进行清查，现金日记账当日余额为 2 800 元；盘点库存现金时，100 元 20 张、50 元 2 张、20 元 10 张、10 元 5 张、5 元 10 张、1 元 40 张；盘点还发现：借据一张 300 元；处理废报纸收到现金 50 元，未入账；支付购买办公用品 200 元，未入账。据此完成图 2-107、图 2-108。

库存现金盘点表					
单位：			盘点日期： 年 月 日		
票面金额	张数	金额	票面金额	张数	金额
壹佰元			伍 角		
伍拾元			贰 角		
贰拾元			壹 角		
拾 元			伍 分		
伍 元			贰 分		
贰 元			壹 分		
壹 元			合 计		
加：收入凭证未记账					
减：付出凭证未记账					
加：跨日收入					
加：跨日借条					
调整后实际账面余额：					
现金日记账账面余额：					
差额：					
处理意见：					

主管： 会计： 核点：

图 2-107 库存现金盘点表

库 存 现 金 盘 点 报 告 表

年 月 日

单位名称：

实存金额	账存金额	盘亏情况		备注
		盘盈数	盘亏数	
处理意见：				

主管： 会计： 核点：

图 2-108 库存现金盘点报告表

活动三：（拓展与提高）比一比谁填写的库存现金盘点表更规范、正确。

2021 年 11 月 30 日，财务科对现金日记账及库存现金进行清查，现金日记账当日余额为 1840 元；盘点库存现金时，100 元 20 张、50 元 2 张、20 元 10 张、10 元 5 张、5 元 10 张、1 元 40 张；盘点还发现：借据一张 500 元；处理废品收到现金 100 元，未入账；支付购买办公用品 200 元，未入账。据此完成图 2-109。

库存现金盘点表					
单位：			盘点日期： 年 月 日		
票面金额	张数	金额	票面金额	张数	金额
壹佰元			伍 角		
伍拾元			贰 角		
贰拾元			壹 角		
拾 元			伍 分		
伍 元			贰 分		
贰 元			壹 分		
壹 元			合 计		
加：收入凭证未记账					
减：付出凭证未记账					
加：跨日收入					
加：跨日借条					
调整后实际账面余额：					
现金日记账账面余额：					
差额：					
处理意见：					

主管： 会计： 核点：

图 2-109 库存现金盘点表

任务十四 编制完工产品成本计算表(认识)

实例 2-14 2021 年 11 月，公司生产办公桌椅的有关情况如下：月初结存 50 套，成本合计 42 057. 50 元，本期投入生产 150 套，全部完工，成本为 126 172. 50 元；月末结存 50 套，成本 42 057. 50 元。根据材料领用表、工资费用分配表、制造费用分配表，编制完工产品(办公桌椅)成本计算表。具体如图 2-110 所示。

完工产品成本计算表

产品名称：办公桌椅 2021 年 11 月 30 日 金额单位：元

成本项目	数量(套)	单位成本	直接材料	直接人工			制造费用	合计
				工资	福利费	小计		
期初结存	50	841. 15	20 000. 00	15 000. 00	2 100. 00	17 100. 00	4 957. 50	42 057. 50
本期投入	150	841. 15	60 000. 00	45 000. 00	6 300. 00	51 300. 00	14 872. 50	126 172. 50
合计	200	841. 15	80 000. 00	60 000. 00	8 400. 00	68 400. 00	19 830. 00	168 230. 00
本期完工	150	841. 15	60 000. 00	45 000. 00	6 300. 00	51 300. 00	14 872. 50	126 172. 50
期末结存	50	841. 15	20 000. 00	15 000. 00	2 100. 00	17 100. 00	4 957. 50	42 057. 50
备注								

会计主管：丁一 审核：丁一 制表：吕凤

图 2-110 完工产品成本计算表

本任务知识仅要求学生认识、了解，无须掌握。

训练提示：

产品成本计算常用的基本方法，是按品种、根据生产步骤归集费用。计算过程比较繁杂，对于刚接触会计基础的学习者有一定的难度，今后可以结合课程“成本会计”深入学习。

任务十五　编制产品销售成本计算表(认识)

实例 2-15　2021 年 11 月，立信办公家具有限公司销售办公桌椅共计 50 套，每套的单位成本为 841. 15 元，编制已售产品办公桌椅的销售成本计算表。具体如图 2-111 所示。

产品销售成本计算表

产品名称	规格型号	计量单位	出库数量	单位成本（元）	总成本（元）
办公桌椅	标准型	套	50	841. 15	42 057. 50
小计			50	841. 15	42 057. 50

图 2-111　产品销售成本计算表

训练提示：

产品的销售成本计算，涉及发出存货的单位成本计算，在课程“财务会计”中具体学习。目前可简单地根据销售某种产品的数量和生产完工该产品的单位成本相乘，直接计算出销售总成本。

任务十六　编制工资结算汇总表(认识)

工资结算汇总表是企业、行政事业等单位根据工资表(工资结算表)汇总编制的，按部门和受益对象汇总记录职工工资、奖金、津贴补贴、代扣社会保险费和住房公积金以及个人所得税等有关项目金额的原始凭证。

实例 2-16　2021 年 11 月 30 日，公司按照部门统计员工的工资，并汇总工资，如图 2-112 所示。

训练提示：

（1）工资一般按照部门员工统计。

（2）工资包括计时工资、计件工资和奖金、津贴、补贴等。

（3）注意病假、事假、迟早退的扣款，以及由单位代扣的“五险一金”(或“三险一金”)、个人所得税和其他扣款的计算。这部分学习可以结合课程“财务会计”和“会计电算化”相关知识进行深入学习。

工资结算汇总表

编号	部门	姓名	职务	基本工资	津贴	奖金	缺勤应扣			应付工资	代扣款项				实发工资
							病假	事假	迟到早退		住房公积	社会保险	代扣税款	代扣合计	
1	行政部门	张胜利	总经理	3 000.00				200.00		2 800.00					2 800.00
2		张灵芳	副总经理	3 000.00			200.00			2 800.00					2 800.00
3		仁义	职员	1 800.00						1 800.00					1 800.00
小			计	7 800.00			200.00	200.00		7 400.00					7 400.00
4	财务部门	丁一	财务主管	2 500.00						2 500.00					2 500.00
5		吕风	会计	1 800.00						1 800.00					1 800.00
6		王宁	出纳	2 300.00						2 300.00					2 300.00
7		李欢	库管	1 800.00				200.00		1 600.00					1 600.00
小			计	8 400.00				200.00		8 200.00					8 200.00
8	销售部门	王业	销售经理	2 600.00				200,00		2 400.00					2 400.00
9		林同	职员	2 600.00						2 600.00					2 600.00
小			计	5 200.00				200.00		5 000.00					5 000.00
10	生产部门	覃胜	车间主任	2 400.00						2 400.00					2 400.00
11		魏小滨	生产工人	3 200.00						3 200.00					3 200.00
12		魏东林	生产工人	3 300.00						3 300.00					3 300.00
13		赵小溪	生产工人	3 000.00						3 000.00					3 000.00
14		紫湘秋	生产工人	3 400.00						3 400.00					3 400.00
15		王毅	生产工人	2 900.00						2 900.00					2 900.00
16		丁大力	生产工人	3 300.00		100.00				3 400.00					3 400.00
17		刘亮	生产工人	3 100.00		200.00				3 300.00					3 300.00
18		刘昆	生产工人	3 400.00				200.00		3 200.00					3 200.00
19		李全	生产工人	3 300.00						3 300.00					3 300.00
20		邢天	生产工人	3 200.00			100.00			3 100.00					3 100.00
21		方东升	生产工人	3 100.00						3 100.00					3 100.00
22		欧阳林	生产工人	3 100.00						3 100.00					3 100.00
小			计	40 700.00		300.00	100.00	200,00		40 700.00					40 700.00
合			计	62 100.00		300.00	300.00	800.00		61 300.00					61 300.00

图 2-112　工资结算汇总表

任务十七　审核原始凭证

原始凭证审核的内容主要包括：合法性、合理性、真实性、完整性、正确性。

请同学们根据原始凭证审核的内容和填制方法及要求，审核以下原始凭证：

(1) 2021 年 11 月 13 日，立信办公家具有限公司销售给阳光办公家具有限公司办公桌椅 10 套，每套价格为 1 200 元。立信办公家具有限公司开出增值税专用发票，收到对方开来转账支票一张，支付价税款（阳光办公家具有限公司，纳税人识别号：64748362839470055E；地址：重庆市沙坪坝区沙中路 23 号；电话：023-456234578；开户银行：工行重庆市沙中路支行；账号：3682910097927305600）。相关原始凭证如图 2-113 至图 2-115 所示。

因为我方出具的增值税专用发票的（　　　　）错误、转账支票的（　　　　）和（　　　　）错误，必须重新开具；银行填制的进账单（　　　　）也发生了错误。据此完成图 2-116 至图 2-118。

5000223130　　吉林省增值税专用发票　　No. 2150291110

此联不作报销、扣税凭证使用　　开票日期：2021. 11. 12

购买方	名　　称：阳光办公家具有限公司 纳税人识别号：64748362839470055E 地 址、电 话：重庆市沙坪坝区沙中路23号 023-456234578 开户行及账号：工行重庆市沙中路支行 3682910097927305600			密码区	+/3333<98/198533204+<<<-123 90<+64<->876*98</8765*369+/ 0>+216>2>7/3-+47561<>786-/2 +782-/5432<4*-34>>>+923*333		
货物或应税劳务的名称	规格型号	单位	数量	单价	金额	税率	税额
办公桌椅		套	100	1 200. 00	120 000. 00	13%	15 600. 00
合计					¥120 000. 00		¥15 600. 00
价税合计（大写）	⊗拾叁万陆仟伍佰元整				（小写） ¥136 500. 00		
销售方	名　　称：立信办公家具有限公司 纳税人识别号：50078620789987666E 地 址、电 话：临江市经济技术开发区玉秀路18号 0439-55645443 开户行及账号：工行临江市和平路支行 1102027654321234567			备注			

收款人：王宁　　复核：丁一　　开票人：吕风　　销售方：（章）

第一联：记账联　销售方记账凭证

图 2-113　增值税专用发票（记账联）

中国工商银行　转账支票　　CQ211105　20211121

付款期限自出票之日起十天

出票日期（大写）贰零贰壹 年 拾壹 月 壹拾贰 日　　付款行名称：工行重庆市沙中路支行

收款人：立信办公家具有限公司　　出票人账号：3682910097927305600

人民币（大写）	亿	千	百	十	万	千	百	十	元	角	分
壹拾叁万陆仟伍佰元整			¥	1	3	6	5	0	0	0	0

用途　支付货款　　密码

上列款项请从　　行号

我账户内支付

出票人签章　　复核　　记账

（印章：阳光办公家具有限公司 财务专用章；刘海波印）

图 2-114　转账支票

中国工商银行　进账单

2021年11月13日

汇款人	全　称	阳光办公家具有限公司	收款人	全　称	立信办公家具有限公司
	账　号	3682910097927305600		账　号	1102027654321234567
	开户银行	工行重庆市沙中路支行		开户银行	工行临江市和平路支行
人民币（大写）	壹拾叁万陆仟伍佰元整				

千	百	十	万	千	百	十	元	角	分
	¥	1	3	6	5	0	0	0	0

票据种类	转账支票	票据张数	1张
票据号码	20211121		
单位主管		会计	
复核		记账	

中国工商银行临江市和平路支行
2021.11.13
转讫

收款人开户行盖章

图 2-115　进账单

5000223130　　吉林省增值税专用发票　　No. 2150291120

全国统一发票监制章 吉林 国家税务总局监制

此联不作报销、扣税凭证使用　　开票日期：

购买方					密码区		
货物或应税劳务的名称	规格型号	单位	数量	单价	金额	税率	税额
合计							
价税合计（大写）					（小写）		
销售方					备注		

收款人：　　复核：　　开票人：　　销售方：（章）

第一联：记账联　销售方记账凭证

图 2-116　增值税专用发票

中国工商银行 转账支票

CQ211105
20211122

付款期限自出票之日起十天

出票日期（大写）　　　　付款行名称：

收款人：　　　　出票人账号：

人民币（大写）	亿	千	百	十	万	千	百	十	元	角	分

用途＿＿＿＿＿　　密码＿＿＿＿＿

上列款项请从　　行号＿＿＿＿＿

我账户内支付

出票人签章　　复核　　记账

图 2-117　转账支票

中国工商银行　进账单

年　月　日

汇款人			收款人		
	全　称			全　称	
	账　号			账　号	
	开户银行			开户银行	

人民币（大写）	千	百	十	万	千	百	十	元	角	分

票据种类		票据张数	
票据号码			

单位主管　　会计

复核　　记账

收款人开户行盖章

图 2-118　进账单

（2）2021 年 11 月 13 日，职工林同偿还欠公司借款，立信办公家具有限公司收到现金 2 500 元。具体如图 2-119 所示。

收　　据

2021 年 11 月 13 日　　NO.20211114

交款单位　林同　　收款方式　现金

人民币（大写）壹仟伍佰元整　　（小写）¥1 500.00

收款事由　偿还借款　　现金收讫

2021 年 11 月 13 日

立信办公家具有限公司 财务专用章

第三联 记账联

财务主管　丁一　　记账　吕凤　　出纳　王宁　　审核　丁一　　经办　林同　　单位盖章

图 2-119　收据

因为开具收据的(　　　　　)和(　　　　　)错误，必须重新开具收据。请完成图 2-120。

收　　据

年　月　日　　　　NO.20211118

交款单位 ______	收款方式 ______
人民币（大写）______	（小写）¥ ______
收款事由 ______	

第一联　存根联

财务主管　　记账　　出纳　　审核　　经办　　单位盖章

图 2-120　收据

（3）2021 年 11 月 17 日，财务科会计吕凤从临江市欣欣办公文具商店为公司购入签字笔 10 支，每支价格为 3 元；签字笔芯 30 支，每支价格为 1 元。款项均以现金支付，并取得普通发票。具体如图 2-121 所示。

吉林省　国家税务局通用机打发票

全国统一发票监制章　吉林　国家税务总局监制

发　票　联

发票代码　临江 00161140
发票号码　40543641
机打号码　82963773

开票日期：2021 年 11 月 17 日　　行业分类：商业

购货单位名称：立信办公家具有限公司　　税务登记代码：50078620789987666E
购货单位地址：临江市经济技术开发区玉秀路 18 号　　开户银行：工行临江市和平路支行
购货单位电话：0439-55645443　　银行账号：1102027654321234567

品名	规格	单位	数量	单价	金额
签字笔		支	10	3.00	30.00
签字笔芯		支	300	1.00	300.00

金额合计：人民币叁佰叁拾元整　　（小写）¥330.00

收款单位名称（盖章）：　　收款单位税号：50023049875275432B
收款单位地址：临江市和平路 6 号　　开户银行：工行临江市和平路支行
收款单位电话：0439-56344231　　银行账号：1102040343423455533

临江市欣欣办公文具商店　50023049875275432B　发票专用章

收款人：李曼　　复核人：王慧　　开票人：赵晓

第一联：发票联（购货单位付款凭证）（手开无效）

图 2-121　普通发票（发票联）

因为销货方出具发票的(　　　　　)和(　　　　　)错误，必须由销货方重新开具发票。请完成图 2-122。

（4）2021 年 11 月 18 日，公司车间主任覃胜出差，预先借差旅费 2 000 元，出纳人员以现金付讫。具体如图 2-123 所示。

因为借款单的(　　　　　)、(　　　　　)和(　　　　　)错误，其中(　　　　　)错误，必须由借款人重新填制一张正确的借款单。请完成图 2-124。

吉林省　国家税务局通用机打发票

全国统一发票监制章 吉林 国家税务总局监制

发　票　联

开票日期：	行业分类：	发票代码 发票号码 机打号码

购货单位名称：　　　　　　税务登记代码：
购货单位地址：　　　　　　开户银行：
购货单位电话：　　　　　　银行账号：

品名	规格型号	单位	数量	单价	金额

金额合计：　　　　　　（小写）

收款单位名称（盖章）：　　　　　　税务登记代码：
收款单位地址：　　　　　　开户银行：
收款单位电话：　　　　　　银行账号：

收款人：　　　　复核人：　　　　开票人：

第一联：发票联（购货单位付款凭证）（手开无效）

图 2-122　普通发票(发票联)

借　　款　　单

2021 年 11 月 17 日

部门	车间主任			借款人	覃胜
借款金额	金额（大写）人民币壹仟伍佰元整　现金付讫　¥1 500.00				
借款事由	预借差旅费				
领导审批	张胜利	财务主管	丁一	借款人签字	覃胜

立信办公家具有限公司 财务专用章

图 2-123　借款单

借　　款　　单

年　　月　　日

部门				借款人	
借款金额	金额（大写）　¥______				
借款事由					
领导审批		财务主管		借款人签字	

图 2-124　借款单

（5）2021 年 11 月 18 日，公司财务科会计吕凤报销购买签字笔、签字笔芯的费用 330 元(其中：签字笔 10 支，每支 3 元；签字笔芯 300 支，每支 1 元)。具体如图 2-125 所示。

费　用　报　销　单

部门：财务科　　　　2021 年 11 月 18 日　　　　编号：211105

开支内容	金额	结算方式	
签字笔	30.00	1.冲借款 ________元	附单据 1 张
笔芯	30.00	2.转账 ________元	
		3.汇款 ________元	
合计：（大写）人民币陆拾元整		4.现金付讫 ¥60.00 元　现金付讫	

会计主管：丁一　　单位负责人：张胜利　　出纳：王宁　　经办人：吕凤

图 2-125　费用报销单

因为费用报销单的(　　　　　　)错误，需由报销人重新填制一张正确的费用报销单。完成图 2-126。

费　用　报　销　单

部门：财务科　　　　年　　月　　日　　　　编号：211106

开支内容	金额	结算方式	
		1.冲借款 ____________元	附单据 1 张
		2.转账 ____________元	
		3.汇款 ____________元	
合计：（大写）		4.现金付讫 ____________元	

会计主管：　　　单位负责人：　　　出纳：　　　经办人：

图 2-126　费用报销单

(6) 2021 年 11 月 6 日，立信办公家具有限公司向佳多木材厂（纳税人识别号：54658293020200299B；地址：临江市河西区幸福路 45 号；电话 0439-35647890；开户银行：建设银行幸福路支行；账号：6453634748292000321；合同编号 HT20141212）购入杉木指接板 400 张，每张价格 159 元；密度板 200 张，每张价格 39 元。立信办公家具有限公司收到增值税专用发票，开出一张 3 个月期限的商业承兑汇票。另以现金支付运杂费 700 元，以材料数量为标准分配运杂费。材料已经验收入库。具体如图 2-127 至图 2-130 所示。

5000223130　　　　吉林省增值税专用发票　　　　No. 2150290129

抵　扣　联　（全国统一发票监制章　吉林　国家税务总局监制）

开票日期：2021. 11. 05

购买方	名　称：立信办公家具有限公司 纳税人识别号：50078620789987666E 地址、电话：临江市经济技术开发区玉秀路 18 号 0439-55645443 开户行及账号：工行临江市和平路支行 1102027654321234567				密码区	+/1122<98/198533204+<<<-123 90<+64<->876*98</8765*369+/ 0>+216>2>7/3-+47561<>786-/2 +782-/5432<4*-34>>>+923*122	
货物或应税劳务的名称	规格型号	单位	数量	单价	金额	税率	税额
杉木指接板		张	500	160.00	80 000.00	13%	10 400.00
密度板		张	200	40.00	8 000.00	13%	1 040.00
合计					¥88 000.00		¥11 440.00
价税合计(大写)	⊗玖万肆仟玖佰肆拾元整				（小写）¥99 440.00		
销售方	名　称：佳多木材厂 纳税人识别号：54658293020200299B 地址、电话：临江市河西区幸福路 45 号 0439-35647890 开户行及账号：建设银行幸福路支行 6453634748292000321				备注	佳多木材厂 54658293020200299B 发票专用章	

第二联：抵扣联　购买方扣税凭证

收款人：周梦龙　　复核：张海霞　　开票人：李伟　　销售方：（章）

图 2-127　增值税专用发票(抵扣联)

5000223130　　　　吉林省增值税专用发票　　　　No. 2150290129

发票联　　　　开票日期：2021. 11. 05

购买方	名　　称：立信办公家具有限公司 纳税人识别号：50078620789987666E 地 址、电 话：临江市经济技术开发区玉秀路 18 号 0439-55645443 开户行及账号：工行临江市和平路支行 1102027654321234567				密码区	+/1122<98/198533204+<<<-123 90<+64<->876*98</8765*369+/ 0>+216>2>7/3-+47561<>786-/2 +782-/5432<4*-34>>>+923*122		
货物或应税劳务的名称	规格型号	单位	数量	单价	金额	税率	税额	
杉木指接板		张	500	160.00	80 000.00	13%	10 400.00	
密度板		张	200	40.00	8 000.00	13%	1 040.00	
合计					¥88 000.00		¥11 440.00	
价税合计（大写）	⊗玖万肆仟玖佰肆拾元整				（小写）¥99 440.00			
销售方	名　　称：佳多木材厂 纳税人识别号：54658293020200299B 地 址、电 话：临江市河西区幸福路 45 号 0439-35647890 开户行及账号：建设银行幸福路支行 6453634748292000321				备注	佳多木材厂 54658293020200299B 发票专用章		

收款人：周梦龙　　复核：张海霞　　开票人：李伟　　销售方：（章）

第三联：发票联　购买方记账凭证

图 2-128　增值税专用发票(发票联)

材料入库单（记账凭单）

供货单位：佳多木材厂　　材料类别：板材　　编号：0013

发票号码：2150290129　　材料编号：002、003　　仓库：材料仓

2021 年 11 月 06 日

材料名称	计量单位	规格型号	数量		实际成本				
			应收	实收	单价	金额	运杂费	其他	合计
杉木指接板	张		500	500	160.00	80 000.00	500.00		¥80 500.00
密度板	张		200	200	40.00	8 000.00	200.00		¥8 200.00
备注：					合计	¥88 000.00	¥700.00		¥88 700.00

采购：林同　　检验：李欢　　保管：李欢　　主管：丁一　　财务：吕凤

图 2-129　材料入库单

商业承兑汇票（卡　片）　1　20800360 37033030

出票日期（大写）　贰零贰壹 年 壹拾壹 月 零陆 日

付款人	全称	立信办公家具有限公司	收款人	全称	佳多木材厂
	账号	1102027654321234567		账号	6453634748292000321
	开户银行	工行临江市和平路支行		开户银行	建设银行幸福路支行
出票金额	人民币（大写）玖万玖仟肆佰肆拾元整			亿 千 百 十 万 千 百 十 元 角 分	¥ 9 9 4 4 0 0 0
汇票到期日（大写）	贰零贰贰年零贰月零伍日	付款人开户行		行号	209303006831
交易合同号码	HT20141212			地址	工行临江市和平路支行
备注：		立信办公家具有限公司 财务专用章　利张印胜			出票人签章

此联承兑人留存

图 2-130　商业承兑汇票

因为销售方出具的增值税专用发票的(　　　　)、(　　　　)和(　　　　)错误，其中(　　　　)错误，必须由销售方重新开具发票；同时我方(购买方)重新开具商业承兑汇

票。请完成图 2-131、图 2-132。

5000223130　　　吉林省增值税专用发票　　　No. 2150290130

发　票　联　　　开票日期:

购买方				密码区			
货物或应税劳务的名称	规格型号	单位	数量	单价	金额	税率	税额
合计							
价税合计(大写)				(小写)			
销售方				备注			

收款人:　　复核:　　开票人:　　销售方:(章)

第三联：发票联　购货方记账凭证

图 2-131　增值税专用发票(发票联)

商业承兑汇票(卡　片)　　1　20800360

出票日期(大写)　　年　　月　　日　　37033031

付款人	全称		收款人	全称	
	账号			账号	
	开户银行			开户银行	
出票金额	人民币(大写)			亿 千 百 十 万 千 百 十 元 角 分	
汇票到期日(大写)			付款人开户行	行号	
交易合同号码				地址	
备注:			出票人签章		

此联承兑人留存

图 2-132　商业承兑汇票

(7) 2021 年 11 月 15 日，办公桌椅 200 套、实木沙发 100 套已经完工入库(已知生产办公桌椅耗费直接材料 110 000 元、直接人工 40 000 元、制造费用 18 000 元；生产实木沙发耗费直接材料 18 000 元、直接人工 5 000 元、制造费用 1 500 元)。具体如图 2-133 所示。

因为(　　　　)和(　　　　)填写错误，需要重新填写一张产成品入库单。请完成图 2-134。

(8) 2021 年 11 月 5 日，生产办公桌椅领用杉木指接板 50 张，单位成本为 160 元，小计 8 000 元；生产实木沙发领用密度板 10 张，单位成本为 40 元，小计 400 元；车间一般耗用辅助材料 300 元。具体如图 2-135 所示。

产成品入库单

2021年11月10 日

送存部门：生产车间　　仓库：产成品库　　单号：02

产品名称	规格型号	计量单位	入库数量	金额
办公桌椅		套	200	
实木沙发		套	10	

第三联交财务科

库管员：李欢　　送存人：姚敏敏

图 2-133　产成品入库单

产成品入库单

年　月　日

送存部门：　　仓库：　　单号：03

产品名称	规格型号	计量单位	入库数量	金额

第三联交财务科

库管员：　　送存人：

图 2-134　产成品入库单

领　料　单

仓库:原材料库　　2021年11月05日　　单据号:211101

材料编号	材料名称	规格型号	单位	数量		实际成本	
				请领	实发	单价	金额
	杉木指接板		张	50	50	160.00	8 000.00
	密度板		张	20	20	160.00	3 200.00
	辅助材料						300.00
				领料部门		发料部门	
用途	生产用			负责人	领料人	核准人	发料人
					索清秋		李欢

二 材料领账单

图 2-135　领料单

因为(　　　　)和(　　　　)填写错误，需要重新填制一张领料单。请完成图 2-136。

领　料　单

仓库:　　年　月　日　　单据号:211102

材料编号	材料名称	规格型号	单位	数量		实际成本	
				请领	实发	单价	金额
				领料部门		发料部门	
用途				负责人	领料人	核准人	发料人

二 材料领账单

图 2-136　领料单

（9）2021 年 11 月 10 日，立信办公家具有限公司向佳多木材厂（纳税人识别号：54658293020200299B；地址：临江市河西区幸福路 45 号；电话：0439－35647890，开户银行：建设银行幸福路支行；账号：6453634748292000321，合同编号：HT20141213）购入杉木指接板 300 张，每张价格为 160 元；密度板 200 张，每张价格为 40 元。收到增值税专用发票，开出期限 6 个月的商业承兑汇票一张，支付价税款。材料已经验收入库。具体如图 2－137 至图 2－140 所示。

6000223130　　吉林省增值税专用发票　　No. 2150290131

抵扣联　　开票日期：2021. 11. 10

购买方	名　　称：立信家具有限公司 纳税人识别号：50078620789987666E 地 址、电 话：临江市经济技术开发区玉秀路 18 号 0439-55645443 开户行及账号：工行临江市和平路支行 1102027654321234567				密码区	+/1133<98/198533204+<<<-123 90<+64<->876*98</8765*369+/ 0>+216>2>7/3-+47561<>786-/2 +782-/5432<4*-34>>>+923*133		
货物或应税劳务的名称	规格型号	单位	数量	单价	金额	税率	税额	
杉木指接板		张	300	159.00	47 700.00	13%	6 201.00	
密度板		张	200	39.00	7 800.00	13%	1 014.00	
合计					¥55 500.00		¥7 215.00	
价税合计（大写）	⊗陆万贰仟柒佰壹拾五元				（小写）¥62 715.00			
销售方	名　　称：佳多木材厂 纳税人识别号：54658293020200299B 地 址、电 话：临江市河西区幸福路 45 号 0439-35647890 开户行及账号：建设银行幸福路支行 6453634748292000321				备注	佳多木材厂 54658293020200299B 发票专用章		

收款人：周梦龙　　复核：张海霞　　开票人：李伟　　销售方：（章）

第二联：抵扣联　购买方扣税凭证

图 2－137　增值税专用发票（抵扣联）

6000223130　　吉林省增值税专用发票　　No. 2150290131

发票联　　开票日期：2021. 11. 10

购买方	名　　称：立信家具有限公司 纳税人识别号：50078620789987666E 地 址、电 话：临江市经济技术开发区玉秀路 18 号 0439-55645443 开户行及账号：工行临江市和平路支行 1102027654321234567				密码区	+/1133<98/198533204+<<<-123 90<+64<->876*98</8765*369+/ 0>+216>2>7/3-+47561<>786-/2 +782-/5432<4*-34>>>+923*133		
货物或应税劳务的名称	规格型号	单位	数量	单价	金额	税率	税额	
杉木指接板		张	300	159.00	47 700.00	13%	6 201.00	
密度板		张	200	39.00	7 800.00	13%	1 014.00	
合计					¥55 500.00		¥7 215.00	
价税合计（大写）	⊗陆万贰仟柒佰壹拾五元				（小写）¥62 715.00			
销售方	名　　称：佳多木材厂 纳税人识别号：54658293020200299B 地 址、电 话：临江市河西区幸福路 45 号 0439-35647890 开户行及账号：建设银行幸福路支行 6453634748292000321				备注	佳多木材厂 54658293020200299B 发票专用章		

收款人：周梦龙　　复核：张海霞　　开票人：李伟　　销售方：（章）

第三联：发票联　购货方记账凭证

图 2－138　增值税专用发票（发票联）

材料入库单

收料仓库：原材料库　　2021 年 11 月 05 日　　收料单编号：211103

材料名称	单位	数量		单价	材料金额	运杂费	其他	合计
		应收数	实收数					
杉木指接板	张	300	300	159.00	47 700.00			¥47 700.00
密度板	张	200	200	39.00	7 800.00			¥7 800.00
合　计					¥55 500.00			¥55 500.00
备　注								

财务联

主管：丁一　　财务：吕风　　入库验收：杨平　　仓库保管：李欢

图 2-139　材料入库单

商业承兑汇票(卡　片)　　1　　20800360　37033032

出票日期（大写）　贰零贰壹 年 壹拾壹 月 壹拾 日

付款人	全称	立信办公家具有限公司	收款人	全称	佳多木材厂
	账号	1102027654321234567		账号	6453634748292000321
	开户银行	工行临江市和平路支行		开户银行	建设银行幸福路支行

出票金额	人民币（大写）陆万贰仟柒佰壹拾五元整	亿	千	百	十	万	千	百	十	元	角	分
					¥	6	2	7	1	5	0	0

汇票到期日（大写）	贰零贰贰年零贰月零壹拾日	付款人开户行	行号	209303006831
交易合同号码	HT20141213		地址	工行临江市和平路支行
备注：		立信办公家具有限公司 财务专用章　利张印胜　出票人签章		

此联承兑人留存

图 2-140　商业承兑汇票

因为销售方出具的增值税专用发票的(　　　　)和(　　　　)错误，其中(　　　　)错误，必须由销售方重新开具发票；同时我方(购买方)重新开具商业承兑汇票。请完成图 2-141、图 2-142。

(10) 2021 年 11 月 25 日，立信办公家具有限公司销售给多禾计算机培训学校木沙发 5 套，每套价格为 4 000 元；办公桌椅 5 套，每套价格为 1 200 元。开出增值税普通发票，收到对方开来银行承兑汇票一张。(多禾计算机培训学校，纳税人识别号：647486541239875326；地址：临江市玉秀区响水路 46 号；电话：0439-53521643；开户银行：工行临江市大同路支行；账号：1102065897413659872)。具体如图 2-143 至图 2-145 所示。

5000223130　　**吉林省增值税专用发票**　　No. 2150290132

全国统一发票监制章 吉林 国家税务总局监制

此联不作报销、扣税凭证使用　　开票日期:

购买方				密码区			
货物或应税劳务的名称 合计	规格型号	单位	数量	单价	金额	税率	税额
价税合计(大写)				(小写)			
销售方				备注			

收款人:　　复核:　　开票人:　　销售方:(章)

第一联:记账联　销售方记账凭证

图 2-141　增值税专用发票(记账联)

商业承兑汇票(卡　片)　　1　　20800360

出票日期(大写)　　年　　月　　日　　37033033

付款人	全称		收款人	全称	
	账号			账号	
	开户银行			开户银行	
出票金额		人民币(大写)		亿 千 百 十 万 千 百 十 元 角 分	
汇票到期日(大写)			付款人开户行	行号	
交易合同号码				地址	
备注:				出票人签章	

此联承兑人留存

图 2-142　商业承兑汇票

5000223130　　吉林省增值税专用发票　　No. 2150291129

（全国统一发票监制章　吉林　国家税务总局监制）

此联不作报销、扣税凭证使用　　开票日期：2021. 11. 25

购买方	名　　称：多禾培训学校 纳税人识别号：50078620044567855C 地 址、电 话：临江市玉秀区响水路 46 号 0439—53521643 开户行及账号：工行临江市大同路支行 1102065897413659872				密码区	+/5555<98/198533204+<<<-123 90<+64<->876*98</8765*369+/ 0>+216>2>7/3-+47561<>786-/2 +782-/5432<4*-34>>>+923*555		
货物或应税劳务的名称	规格型号	单位	数量	单价	金额	税率	税额	
沙发		套	2	4 000. 00	8 000. 00	13%	1 040. 00	
办公桌椅		套	5	1 200. 00	6 000. 00	13%	780. 00	
合计					¥14 000. 00		¥1 820. 00	
价税合计(大写)	⊗壹万伍仟贰佰捌拾元整				（小写） ¥15 820. 00			
销售方	名　　称：立信办公家具有限公司 纳税人识别号：50078620789987666E 地 址、电 话：临江市经济技术开发区玉秀路 18 号 0435-55645443 开户行及账号：工行临江市和平路支行 1102027654321234567				备注			

收款人：王宁　　复核：丁一　　开票人：吕凤　　销售方：（章）

第一联：记账联　销售方记账凭证

图 2-143　增值税专用发票（记账联）

产品出库单

开单日期：　2021 年 11 月 25 日

编号	产品名称	规格型号	单位	数量	单价	金额	用途或原因
001	办公桌椅	XA	套	5	1 200. 00	6 000. 00	
002	木沙发	XB	套	2	4 000. 00	8 000. 00	
合计						¥14 000. 00	出售

保管员：　李欢　　会计：　吕凤　　经办人：李欢

图 2-144　产品出库单

银行承兑汇票

2　　30900040
27033032

出票日期（大写）　贰零贰壹 年 壹拾壹 月 贰拾伍 日

出票人全称	多禾计算机培训学校	收款人	全称	立信办公家具有限公司
出票人账号	1102028901234567891		账号	1102027654321234567
付款行全称	工行临江市大同路支行		开户银行	工行临江市和平路支行
出票金额	人民币（大写） 壹万伍仟贰佰捌拾元整		亿 千 百 十 万 千 百 十 元 角 分	¥ 1 5 2 8 0 0 0
汇票到期日（大写）	贰零贰壹年壹拾贰月贰拾伍日	付款行	行号	309303001900
承兑协议编号	11003E0514023		地址	工行临江市大同路支行
本汇票请你行承兑，到期无条件付款。 （多禾计算机培训学校 财务专用章）（亮张 印海） 出票人签章		本汇票已经承兑，到期日由本行付款。 （中国工商银行大同路支行 汇票专用章） 承兑行签章 承兑日期 2021 年 11 月 25 日 备注：		复核　　记账

图 2-145　银行承兑汇票

因为销售方(我方)开具的增值税专用发票的(　　　　)、(　　　　)和(　　　　)错误，其中(　　　　)错误，必须重新开具增值税专用发票；购买方重新开具银行承兑汇票。请完成图 2-146、图 2-147。

5000223130　　　　吉林省增值税专用发票　　　　No. 2150291130

（全国统一发票监制章　吉林　国家税务总局监制）

此联不作报销、扣税凭证使用　　　　开票日期：

购买方				密码区			
货物或应税劳务的名称	规格型号	单位	数量	单价	金额	税率	税额
合计							
价税合计(大写)					（小写）		
销售方				备注			

收款人：　　复核：　　开票人：　　销售方：（章）

第一联：记账联　销售方记账凭证

图 2-146　增值税专用发票(记账联)

银行承兑汇票　　2　30900040

出票日期（大写）　　年　　月　　日　　27033033

出票人全称		收款人	全称	
出票人账号			账号	
付款行全称			开户银行	
出票金额	人民币（大写）		亿 千 百 十 万 千 百 十 元 角 分	
汇票到期日（大写）		付款行	行号	
承兑协议编号			地址	
本汇票请你行承兑，到期无条件付款。 出票人签章	本汇票已经承兑，到期日由本行付款。 承兑行签章 承兑日期　年　月　日 备注：		复核　记账	

图 2-147　银行承兑汇票

项目三 记账凭证技能训练

实训准备：专用记账凭证、通用记账凭证、黑色财会专用笔或钢笔、凭证封面、夹子、装订机(手动或半自动)、装订线或铆管、锥子、剪刀、胶水、包角纸、档案盒。

实训目标：记账凭证是会计人员根据审核无误的原始凭证，按照经济业务内容加以归类，并据以确定会计分录后所填制的会计凭证，是登记账簿的依据。通过填制记账凭证，学生可以进一步了解记账凭证的基本内容，掌握专用记账凭证(收款凭证、付款凭证、转账凭证)和通用记账凭证的填制方法；通过审核记账凭证，更加熟练地掌握记账凭证的基本内容；学会整理和装订记账凭证。

- 掌握专用记账凭证的填制方法；
- 掌握通用记账凭证的填制方法；
- 掌握记账凭证的审核方法；
- 学会审核记账凭证；
- 学会装订记账凭证。

实训要求：

(1) 根据原始凭证，写出会计分录，填制专用记账凭证或通用记账凭证，并将原始凭证从书中裁下粘附在对应的记账凭证后面。

(2) 装订填制完成的专用记账凭证或通用记账凭证(根据实际可以在期末记账、对账、结账后统一进行)。

(3) 学生相互交换审核已经填制的记账凭证。

记账凭证作为登记账簿的依据，必须具备以下完整的基本内容。

①记账凭证的名称及填制单位名称；②填制记账凭证的日期；③记账凭证的编号；④经济业务事项的内容摘要；⑤经济业务事项所涉及的会计科目及其记账方向；⑥经济业务事项的金额；⑦记账标记；⑧所附原始凭证张数；⑨会计主管、记账、审核、出纳、制单等有关人员的签章。

记账凭证按其用途可以分为专用记账凭证和通用记账凭证。

1. 专用记账凭证

是指分类反映经济业务的记账凭证。这种记账凭证按其反映经济业务的内容不同，又可以分为收款凭证、付款凭证和转账凭证。

① 收款凭证。收款凭证是指用于记录现金和银行存款收款业务的会计凭证。收款凭证根据有关现金和银行存款收入业务的原始凭证填制，是登记现金日记账、银行存款日记账以及有关明细账和总账等账簿的依据，也是出纳人员收讫款项的依据。

② 付款凭证。付款凭证是指用于记录现金和银行存款付款业务的会计凭证。付款凭证根据有关现金和银行存款支付业务的原始凭证填制，是登记现金日记账、银行存款日记账

以及有关明细账和总账等账簿的依据，也是出纳人员支付款项的依据。

③ 转账凭证。转账凭证是指用于记录不涉及现金和银行存款业务的会计凭证。转账凭证根据有关转账业务的原始凭证填制，是登记有关明细账和总账等账簿的依据。

2. 通用记账凭证

是指适合于所有经济业务的格式统一的记账凭证。通用记账凭证一般适用于业务量少、凭证不多的小型企事业单位，其格式与转账凭证基本相同。

任务一　填制专用记账凭证

实例 3-1-1　2021 年 11 月 10 日，公司车间主任覃胜出差，预借差旅费 2 000 元，出纳人员以现金付讫。具体如图 2-148 所示。

借　　款　　单

2021 年 11 月 10 日

部门	生产车间			借款人	覃胜
借款金额	金额（大写）人民币贰仟元整　　¥2 000.00				
借款事由	预借差旅费　　现金付讫				
领导审批	张胜利	财务主管	丁一	借款人签字	覃胜

图 2-148　借款单

借：其他应收款——覃胜　　2 000

　　贷：库存现金　　2 000

填制付款凭证，如图 2-149 所示。

付　款　凭　证

贷方科目：库存现金　　2021 年 11 月 10 日　　现 付字第 5 号

摘要	借方科目	明细科目	金额										√
			千	百	十	万	千	百	十	元	角	分	
预借差旅费	其他应收款	覃胜					2	0	0	0	0	0	
合计金额（大写）贰仟元整						¥	2	0	0	0	0	0	

附件 1 张

财务主管　　记账　　复核　　出纳　　制单　吕风

图 2-149　付款凭证

实例 3-1-2 2021 年 11 月 15 日，公司车间主任覃胜报销差旅费 1 500 元(原预借 2 000 元)，交回现金 500 元。具体如图 2-150、图 2-151 所示。

差 旅 费 报 销 单

报销部门：生产车间　　　　填报日期：　2021 年 11 月 15 日

姓名	覃胜	职别	车间主任	出差事由	参加培训

出差起止日期自 2021 年 11 月 11 日起至 2021 年 11 月 14 日止共 3 天　　附单据 3 张

日期 月	日期 日	起止地点	天数	机票费	车船费	交通费	住宿费	出差补贴	住宿补贴	其他	小计
11	11~14	临江-临江	3			300.00	600.00			600.00	1 500.00
合计						¥300.00	¥600.00			¥600.00	¥1 500.00

总计金额（大写）零 万 壹 仟 伍 佰 零 拾 零 元 零 角 零 分　　预支 ¥2 000.00 元　　退（补）¥500.00 元

负责人 张胜利　　会计 吕凤　　审核 丁一　　部门主管 覃胜　　出差人 覃胜

图 2-150　差旅费报销

收　　据

2021 年 11 月 15 日　　　　NO.20211117

交款单位 覃胜　　　　收款方式 现金

人民币（大写）伍佰元整　　　　（小写）¥500.00

收款事由 偿还借款　　现金收讫

立信办公家具有限公司 财务专用章

2021 年 11 月 15 日

单位盖章

第三联 记账联

财务主管 丁一　　记账 吕凤　　出纳 王宁　　审核 丁一　　经办 林同

图 2-151　收据

借：制造费用——差旅费　　　　1 500

　　库存现金　　　　500

　　贷：其他应收款——覃胜　　　　2 000

编制收款凭证、转账凭证，如图 2-152 和图 2-153 所示。

收 款 凭 证

借方科目：库存现金　　　　2021 年 11 月 15 日　　　　现 收字第 3 号

摘要	贷方科目	明细科目	千	百	十	万	千	百	十	元	角	分	✓
报销差旅费	其他应收款	覃胜						5	0	0	0	0	
合计金额（大写）伍佰元整							¥	5	0	0	0	0	

（金额栏：千 百 十 万 千 百 十 元 角 分）

财务主管　　记账　　复核　　出纳　　制单 吕凤

图 2-152　收款凭证

转 账 凭 证

2019 年 11 月 15 日　　　　转账 字第 10 号

摘要	会计科目		借方金额											贷方金额											记账√
	总账科目	明细科目	万	千	百	十	万	千	百	十	元	角	分	万	千	百	十	万	千	百	十	元	角	分	
报销差旅费	制造费用	差旅费						1	5	0	0	0	0												
	其他应收款	覃胜																	1	5	0	0	0	0	
附件 详见现收 3 张	合	计					¥	1	5	0	0	0	0					¥	1	5	0	0	0	0	

会计主管　　记账　　出纳　　审核　　制证 吕凤

图 2-153　转账凭证

实例 3-1-3　2021 年 11 月 10 日，立信办公家具有限公司销售给阳光办公家具有限公司办公桌椅 10 套，每套价格为 1 200 元。立信办公家具有限公司开出增值税专用发票，收到对方开来转账支票一张，支付价税款（阳光办公家具有限公司，纳税识别号：64748362839470055E；地址：重庆市沙坪坝区沙中路 23 号；电话：023-456234578；开户银行：工行重庆市沙中路支行；账号：3682910097927305600）。具体如图 2-154、图 2-155 所示。

中国工商银行 进账单

2021 年 11 月 10 日

汇款人	全　称	阳光办公家具有限公司	收款人	全　称	立信办公家具有限公司
	账　号	3682910097927305600		账　号	1102027654321234567
	开户银行	工行重庆市沙中路支行		开户银行	工行临江市和平路支行
人民币（大写）	壹万叁仟伍佰陆拾元整			千百十万千百十元角分	¥1356000
票据种类	转账支票	票据张数	1 张		
票据号码	20211110				
单位主管　会计 复核　记账				中国工商银行临江市和平路支行 2021.11.10 转讫 收款人开户行盖章	

图 2-154　进账单

5000223130　　　　吉林省增值税专用发票　　　　No. 2150291131

全国统一发票监制章 吉林 国家税务总局监制

此联不作报销、扣税凭证使用　　　　开票日期：2021. 11. 10

购买方	名　　称：阳光办公家具有限公司 纳税人识别号：6474836283947005 5E 地 址、电 话：重庆市沙坪坝区沙中路 23 号　023—45623457 开户行及账号：工行沙中路支行　3682910097927305600	密码区	+/4455<98/198533204+<<<-123 90<+64<->876*98</8765*369+/ 0>+216>2>7/3-+47561<>786-/2 +782-/5432<4*-34>>>+923*455

货物或应税劳务的名称	规格型号	单位	数量	单价	金额	税率	税额
办公桌椅		套	10	1 200.00	12 000.00	13%	1 560.00
合计					¥12 000.00		¥1 560.00
价税合计(大写)	⊗壹万叁仟伍佰陆拾元整				（小写）¥13 560.00		

销售方	名　　称：立信办公家具有限公司 纳税人识别号：500786207899876 66E 地 址、电 话：临江市经济技术开发区玉秀路 18 号　0439-55645443 开户行及账号：工行临江市和平路支行　110202765432123 4567	备注	

第一联：记账联　销售方记账凭证

收款人：王宁　　复核：丁一　　开票人：吕风　　销售方：(章)

图 2-155　增值税专用发票

借：银行存款　　　　13 560

　　贷：主营业务收入——桌椅　　　　12 000

　　　　应交税费——应交增值税(销项税额)　　　　1 560

编制收款凭证，如图 2-156 所示。

收　款　凭　证

借方科目：银行存款　　2021 年 11 月　10 日　　银 收字第 8 号

摘要	贷方科目	明细科目	千	百	十	万	千	百	十	元	角	分	✓
销售产品	主营业务收入	办公桌椅				1	2	0	0	0	0	0	
	应交税费	应交增值税（销项税额）					1	5	6	0	0	0	
合计金额（大写）壹万叁仟伍佰陆拾元整					¥	1	3	5	6	0	0	0	

附件 1 张

财务主管　　记账　　复核　　出纳　　制单　吕风

图 2-156　收款凭证

实例 3-1-4　2021 年 11 月 15 日，开出转账支票，偿还前欠佳多木材厂材料款 22 600 元。具体如图 2-157 所示。

借：应付账款——佳多木材厂　　　　22 600

　　贷：银行存款　　　　22 600

编制付款凭证如图 2-158 所示。

中国工商银行
转账支票存根
CQ211105
20211115

附加信息______________

____

____

出票日期 2021 年 11 月 15 日

收款人：佳多木材厂
金　额：¥22 600.00
用　途：偿还货款

单位主管　丁一　　会计　吕凤

图 2-157　转账支票存根

付　款　凭　证

贷方科目：银行存款　　　　2021 年 11 月　15 日　　　　银 付字第 7 号

摘要	借方科目	明细科目	金额 千	百	十	万	千	百	十	元	角	分	√
偿还前欠货款	应付账款	佳多木材厂				2	2	6	0	0	0	0	
合计金额（大写）贰万贰仟陆佰元整					¥	2	2	6	0	0	0	0	

附件 1 张

财务主管　　记账　　复核　　出纳　　制单　吕凤

图 2-158　付款凭证

训练提示：

1. 记账凭证填制的基本要求

（1）记账凭证各项内容必须完整。

（2）必须以审核无误的原始凭证为依据。

（3）记账凭证应连续编号。一笔经济业务需要填制两张以上记账凭证的，可以采用分数编号法编号。

（4）记账凭证的书写应清楚、规范。相关要求同原始凭证。

（5）记账凭证可以根据每一张原始凭证填制，或根据若干张同类原始凭证汇总编制，也可以根据原始凭证汇总表填制。但不得将不同内容和类别的原始凭证汇总填制在一张记账凭证上。

（6）记账凭证上，必须有填制人员、审核人员、记账人员和会计主管的签名或盖章。对于发生的收款和付款业务必须坚持先审核后办理的原则，出纳人员要在有关收款凭证和付款凭证上签章，以明确经济责任。对已办妥的收款凭证或付款凭证及所附的原始凭证，出纳要当即加盖“收讫”或“付讫”戳记，以避免重收重付或漏收漏付发生。

(7) 除结账和更正错误的记账凭证可以不附原始凭证，其他记账凭证必须附有原始凭证。

2. 记账凭证填制的注意事项

(1) 所附原始凭证张数的计算，一般以所附原始凭证自然张数为准。

(2) 一张原始凭证如涉及几张记账凭证的，可以把原始凭证附在一张主要的记账凭证后面，并在其他记账凭证上注明附有该原始凭证的编号或附上该原始凭证的复印件。

(3) 一张原始凭证所列的支出需要由几个单位共同负担时，应当由保存该原始凭证的单位开具原始凭证分割单给其他应负担的单位。原始凭证分割单必须具备原始凭证的基本内容。

(4) 填制记账凭证时若发生错误应当重新填制。已登记入账的记账凭证在当年内发现填写错误时，可以用红字填写一张与原内容相同的记账凭证，在“摘要”栏注明“注销某月某日某号凭证”字样，同时再用蓝字重新填制一张正确的记账凭证，注明“订正某月某日某号凭证”字样。如果会计科目没有错误，只是金额错误，也可将正确数字与错误数字之间的差额，另编一张调整的记账凭证，调增金额用蓝字、调减金额用红字。会计人员发现以前年度记账凭证有错误的，应当用蓝字填制一张更正的记账凭证。

(5) 记账凭证填制完成经济业务事项后，如有空行，应当自金额栏最后一笔金额数字下的空行处至合计数上的空行处划线注销。

3. 专用记账凭证的具体填制方法

(1) 收款凭证的填制方法。收款凭证是用来记录现金、银行存款收款业务的凭证，是会计人员根据审核无误的原始凭证填制的。

收款凭证的填制方法是：凭证左上角“借方科目”处，按照业务内容选填“银行存款”或“库存现金”科目；凭证上方的“年、月、日”处，填写财会部门受理经济业务事项制证的日期；凭证右上角的“　字第　号”处，填写“银收”或“收”字和已填制凭证的顺序编号；“摘要”栏填写能反映经济业务性质和特征的简要说明；“贷方一级科目”和“二级科目”栏填写与银行存款或现金收入相对应的一级科目及其二级科目；“金额”栏填写与同一行科目对应的发生额；“合计”栏填写各发生额的合计数；凭证右边“附件　张”处需填写所附原始凭证的张数；凭证下边分别由相关人员签字或盖章；“记账”栏则应在已经登记账簿后划“√”符号，表示已经入账，以免发生漏记或重记错误。

(2) 付款凭证的填制方法。付款凭证是用来记录现金、银行存款付款业务的凭证，是会计人员根据审核无误的原始凭证填制的。

付款凭证的格式及填制方法与收款凭证基本相同，只是将凭证的“借方科目”与“贷方科目”栏目交换位置；填制时先填写“贷方科目”的“库存现金”或“银行存款”科目，再填写作为与付出现金或银行存款相对应的一级科目和二级科目。

对于库存现金和银行存款之间以及各种银行存款之间相互划转业务的，一般只填制一张付款凭证。如从银行取出现金备用，根据该项经济业务的原始凭证，只填制一张银行存款付款凭证。记账时，根据该凭证同时记入“库存现金”和“银行存款”账户。这种方法不仅可以减少记账凭证的编制，而且可以避免重复记账。

收款凭证和付款凭证既是记账人员登记日记账和有关总账及明细账的依据，同时又是出纳人员收款、付款的依据。因此，出纳人员必须根据由会计主管人员审核的收款凭证和付款凭证办理收款、付款业务，借以通过会计人员填制、审核收款凭证和付款凭证，监督企业单位的现金、银行存款的收付业务，加强对货币资金的管理。

（3）转账凭证的填制方法。转账凭证是根据不涉及现金和银行存款的转账业务的原始凭证填制的。转账凭证的格式与收、付款凭证的格式不同之处在于，凭证左上角不设主体科目（或称设证科目），而将经济业务的对应科目按先借后贷的顺序全部填入“总账科目”和“明细科目”栏目，并通过将各科目金额按记账方向填入相应的“借方金额”或“贷方金额”来确定科目间的对应关系。转账凭证其他栏目的填写方法与收、付款凭证相同。

活动一：根据经济业务写出会计分录，并填制会计凭证。

2021 年 11 月 18 日，公司财务科会计吕凤用现金 330 元购买签字笔、签字笔芯。具体如图 2-159 所示。

吉林省　国家税务局通用机打发票

发　票　联

发票代码　临江 00161140
发票号码　40543643
机打号码　82963775

开票日期：2021 年 11 月 18 日　　行业分类：商业

购货单位名称：立信办公家具有限公司　　税务登记代码：500786207899876666E
购货单位地址：临江市经济技术开发区玉秀路 18 号　　开户银行：工行临江市和平路支行
购货单位电话：0439-55645443　　银行账号：110202765432123456 7

品名	规格	单位	数量	单价	金额
签字笔		支	10	3.00	30.00
签字笔芯		支	300	1.00	300.00

金额合计：人民币叁佰叁拾元整　　（小写）¥330.00

收款单位名称（盖章）：临江市欣欣办公文具商店　　收款单位税号：50023049875275432B
收款单位地址：临江市和平路 6 号　　开户银行：工行临江市和平路支行
收款单位电话：0439-56344232　　银行账号：110204034342345 5533

收款人：李曼　　复核人：王慧　　开票人：赵晓

第一联：发票联（购货单位付款凭证）（手开无效）

图 2-159　通用机打发票

（1）写出会计分录。

（2）填制会计凭证（图 2-160）。

付　款　凭　证

贷方科目：　　　　年　　月　　日　　　　＿＿付字第　　号

摘要	借方科目	明细科目	金额 千	百	十	万	千	百	十	元	角	分	√
合计金额（大写）													

附件　　张

财务主管　　记账　　复核　　出纳　　制单

图 2-160　付款凭证

活动二：根据经济业务写出会计分录，并填制会计凭证。

2021 年 11 月 10 日，向佳多木材厂(纳税人识别号：54658293020200299B；地址：临江市河西区幸福路 45 号；电话 0439－35647890；开户银行：建设银行幸福路支行；账号：645363474829200321；合同编号 HT20141214)购入杉木指接板 300 张，每张价格为 160 元；密度板 200 张，每张价格为 40 元。收到增值税专用发票，开出期限 3 个月的商业承兑汇票一张，支付价税款。材料已经验收入库。如图 2-161 至图 2-163 所示。

5000223130　　吉林省增值税专用发票　　No. 2150290132

抵　扣　联　　（印章：全国统一发票监制章 吉林 国家税务总局监制）

开票日期：2021. 11. 10

购买方	名　　称：立信办公家具有限公司 纳税人识别号：50078620789987666E 地 址、电 话：临江市经济技术开发区玉秀路 18 号 0439-55645443 开户行及账号：工行临江市和平路支行 1102027654321234567			密码区	+/6666<98/198533204+<<<-123 90<+64<->876*98</8765*369+/ 0>+216>2>7/3-+47561<>786-/2 +782-/5432<4*-34>>>+923*666		
货物或应税劳务的名称	规格型号	单位	数量	单价	金额	税率	税额
杉木指接板		张	300	160.00	48 000.00	13%	6 240.00
密度板		张	200	40.00	8 000.00	13%	1 040.00
合计					¥56 000.00		¥7 280.00
价税合计(大写)	⊗陆万叁仟贰佰捌拾元整				（小写）¥63 280.00		
销售方	名　　称：佳多木材厂 纳税人识别号：54658293020200299B 地 址、电 话：临江市河西区幸福路 45 号 0439-35647890 开户行及账号：建设银行幸福路支行 645363474829200321			备注	（印章：佳多木材厂 54658293020200299B 发票专用章）		

收款人：周梦龙　　复核：张海霞　　开票人：李伟　　销售方：(章)

第二联：抵扣联　购买方扣税凭证

图 2-161　增值税专用发票(抵扣联)

5000223130　　吉林省增值税专用发票　　No. 2150290132

发　票　联　　（印章：全国统一发票监制章 吉林 国家税务总局监制）

开票日期：2021. 11. 10

购买方	名　　称：立信办公家具有限公司 纳税人识别号：50078620789987666E 地 址、电 话：临江市经济技术开发区玉秀路 18 号 0439-55645443 开户行及账号：工行临江市和平路支行 1102027654321234567			密码区	+/6666<98/198533204+<<<-123 90<+64<->876*98</8765*369+/ 0>+216>2>7/3-+47561<>786-/2 +782-/5432<4*-34>>>+923*666		
货物或应税劳务的名称	规格型号	单位	数量	单价	金额	税率	税额
杉木指接板		张	300	160.00	48 000.00	13%	6 240.00
密度板		张	200	40.00	8 000.00	13%	1 040.00
合计					¥56 000.00		¥7 280.00
价税合计(大写)	⊗陆万叁仟贰佰捌拾元整				（小写）¥63 280.00		
销售方	名　　称：佳多木材厂 纳税人识别号：54658293020200299B 地 址、电 话：临江市河西区幸福路 45 号 0439-35647890 开户行及账号：建设银行幸福路支行 645363474829200321			备注	（印章：佳多木材厂 54658293020200299B 发票专用章）		

收款人：周梦龙　　复核：张海霞　　开票人：李伟　　销售方：(章)

第三联：发票联　购买方记账凭证

图 2-162　增值税专用发票(发票联)

商业承兑汇票（卡　片）　　1　　20800360
37033034

出票日期（大写）　贰零贰壹 年 壹拾壹 月 零壹拾 日

付款人	全称	立信办公家具有限公司	收款人	全称	佳多木材厂
	账号	1102027654321234567		账号	6453634748292000321
	开户银行	工行临江市和平路支行		开户银行	建设银行幸福路支行
出票金额		人民币（大写）陆万叁仟贰佰捌拾元整		亿 千 百 十 万 千 百 十 元 角 分	¥ 6 3 2 8 0 0 0
汇票到期日（大写）		贰零贰贰年零贰月零壹拾日	付款人开户行	行号	209303006831
交易合同号码		HT20141214		地址	工行临江市和平路支行
备注：			立信办公家具有限公司 财务专用章　利张印胜		出票人签章

此联承兑人留存

图 2-163　商业承兑汇票

（1）写出会计分录。

（2）填制会计凭证（图 2-164）。

转 账 凭 证

年　　月　　日　　　　　　　　字第　　号

摘要	会计科目		借方金额											贷方金额											记账√
	总账科目	明细科目	万	千	百	十	万	千	百	十	元	角	分	万	千	百	十	万	千	百	十	元	角	分	
附件　张	合　计																								

会计主管　　记账　　出纳　　审核　　制证

图 2-164　转账凭证

活动三： 根据经济业务写出会计分录，并填制会计凭证。

2021 年 11 月 5 日，向工商银行借入 6 个月期流动资金借款 100 000 元，年利率 5.6%，到期一次还本付息，具体如图 2-165 所示。

（1）写出会计分录。

（2）填制会计凭证（图 2-166）。

中国工商银行　借款借据

2021年11月05日　　　　借款编号：2020497301

借款企业名称	立信办公家具有限公司	结算户账号	1102027654321234567	贷款户账号	1102027654321234567
贷款用途	周转资金		贷款种类	短期贷款	
借款金额	人民币（大写）壹拾万元整			千 百 十 万 千 百 十 元 角 分	¥ 1 0 0 0 0 0 0 0
银行审查意见：同意　中国工商银行临江市和平路支行　盖章	到期日期	2022年05月05日	利率	年息 5.6%	
		中国工商银行临江市和平路支行　2021.11.0　办讫章　（银行盖章）　年　月　日			

图 2-165　借款借据

收　款　凭　证

借方科目：　　　　年　月　日　　　　____收字第　号

摘要	贷方科目	明细科目	金额 千	百	十	万	千	百	十	元	角	分	√
合计金额（大写）													

附件　张

财务主管　　记账　　复核　　出纳　　制单

图 2-166　收款凭证

拓展活动：根据经济业务写出会计分录，并填制会计凭证。

2021 年 11 月 20 日，开出现金支票提取现金 10 000 元备用。具体如图 2-167 所示。

中国工商银行
现金支票存根
JL211105
20211120

附加信息

出票日期 2021 年 11 月 20 日

收款人：立信办公家具有限公司
金　额：¥10 000.00
用　途：提现备用

单位主管　丁一　会计　吕凤

图 2-167　支票存根

（1）写出会计分录。

（2）判断：填制(　　　　)凭证。

（3）填制会计凭证(图 2-168)。

付 款 凭 证

贷方科目：　　　　　　　　年　　月　　日　　　　　　　　____付字第　　号

摘要	借方科目	明细科目	金额										√
			千	百	十	万	千	百	十	元	角	分	
合计金额（大写）													

附件　　张

财务主管　　　记账　　　复核　　　出纳　　　制单

图 2-168　付款凭证

任务二　填制通用记账凭证

实例 3-2-1　2021 年 11 月 5 日，开出转账支票，偿还前欠佳多木材厂材料款 113 000 元。具体如图 2-169 所示。

中国工商银行
转账支票存根
JL211105
20211109

附加信息

出票日期 2021 年 11 月 05 日

收款人：佳多木材厂	
金　额：¥113 000.00	
用　途：偿还货款	

单位主管　丁一　　会计　吕凤

图 2-169　支票存根

借：应付账款——佳多木材厂　　　　113 000

　　贷：银行存款　　　　113 000

填制记账凭证，如图 2-170 所示。

实例 3-2-2　2021 年 11 月 10 日，公司车间主任覃胜出差，预先借差旅费 2 000 元，出纳人员以现金付讫，具体如图 2-171 所示。

记　账　凭　证

2021 年 11 月 5 日　　　　记 字第 1 号

摘要	会计科目		借方金额											贷方金额											记账√
	总账科目	明细科目	万	千	百	十	万	千	百	十	元	角	分	万	千	百	十	万	千	百	十	元	角	分	
偿还货款	应付账款	佳多木材厂				1	1	3	0	0	0	0	0												
	银行存款																1	1	3	0	0	0	0	0	
附件 1 张	合	计			¥	1	1	3	0	0	0	0	0			¥	1	1	3	0	0	0	0	0	

会计主管　　记账　　出纳　　审核　　制证 吕凤

图 2-170　记账凭证

借　款　单

2021 年 11 月 10 日

部门	生产车间			借款人	覃胜
借款金额	金额（大写）人民币贰仟元整　¥2 000.00				
借款事由	预借差旅费			现金付讫	
领导审批	张胜利	财务主管	丁一	借款人签字	覃胜

立信办公家具有限公司 财务专用章

图 2-171　借款单

借：其他应收款——覃胜　　　　2 000

　　贷：库存现金　　　　2 000

填制记账凭证，如图 2-172 所示。

2021 年 11 月 10 日　　　　记 字第 2 号

摘要	会计科目		借方金额											贷方金额											记账√
	总账科目	明细科目	万	千	百	十	万	千	百	十	元	角	分	万	千	百	十	万	千	百	十	元	角	分	
预借差旅费	其他应收款	覃胜						2	0	0	0	0	0												
	库存现金																		2	0	0	0	0	0	
附件 1 张	合	计					¥	2	0	0	0	0	0					¥	2	0	0	0	0	0	

会计主管　　记账　　出纳　　审核　　制证 吕凤

图 2-172　记账凭证

实例 3-2-3　2021 年 11 月 10 日，向佳多木材厂（纳税识别号：54658293020200299B；地址：临江市河西区幸福路 45 号；电话 0439-35647890；开户银行：建设银行幸福路支行；账号：6453634748292000321；合同编号：HT20141215）购入杉木指接板 300 张，每张价格为 160 元；密度板 200 张，每张价格为 40 元。收到增值税专用发票，开出期限 6 个月的商业承兑汇票一张，支付价税款。材料已经验收入库。具体如图 2-173 至图 2-176 所示。

5000223130　　吉林省增值税专用发票　　No. 2150290133

抵扣联

全国统一发票监制章　吉林

开票日期：2021.11.10

购货单位	名　称：立信办公家具有限公司 纳税人识别号：50078620789987666E 地 址、电 话：临江市经济技术开发区玉秀路 18 号 0439-55645443 开户行及账号：工行临江市和平路支行 1102027654321234567				密码区	+/5959<98/198533204+<<<-123 90<+64<->876*98</8765*369+/ 0>+216>2>7/3-+47561<>786-/2 +782-/5432<4*-34>>>+923*959	
货物或应税劳务的名称	规格型号	单位	数量	单价	金额	税率	税额
杉木指接板		张	300	160.00	48 000.00	13%	6 240.00
密度板		张	200	40.00	8 000.00	13%	1 040.00
合计					¥56 000.00		¥7 280.00
价税合计(大写)	⊗陆万叁仟贰佰捌拾元整				（小写）¥63 280.00		
销货单位	名　称：佳多木材厂 纳税人识别号：54658293020200299B 地 址、电 话：临江市河西区幸福路 45 号 0439-35647890 开户行及账号：建设银行幸福路支行 6453634748292000321				备注	佳多木材厂 54658293020200299B 发票专用章	
第二联：抵扣联　购买方扣税凭证							

收款人：周梦龙　　复核：张海霞　　开票人：李伟　　销售方：（章）

图 2-173　增值税专用发票（抵扣联）

5000223130　　吉林省增值税专用发票　　No. 2150290133

发票联

全国统一发票监制章　吉林　国家税务总局监制

开票日期：2021.11.10

购买方	名　称：立信办公家具有限公司 纳税人识别号：50078620789987666E 地 址、电 话：临江市经济技术开发区玉秀路 18 号 0439-55645443 开户行及账号：工行临江市和平路支行 1102027654321234567				密码区	+/5959<98/198533204+<<<-123 90<+64<->876*98</8765*369+/ 0>+216>2>7/3-+47561<>786-/2 +782-/5432<4*-34>>>+923*959	
货物或应税劳务的名称	规格型号	单位	数量	单价	金额	税率	税额
杉木指接板		张	300	160.00	48 000.00	13%	6 240.00
密度板		张	200	40.00	8 000.00	13%	1 040.00
合计					¥56 000.00		¥7 280.00
价税合计(大写)	⊗陆万叁仟贰佰捌拾元整				（小写）¥63 280.00		
销售方	名　称：佳多木材厂 纳税人识别号：54658293020200299B 地 址、电 话：临江市河西区幸福路 45 号 0439-35647890 开户行及账号：建设银行幸福路支行 6453634748292000321				备注	佳多木材厂 54658293020200299B 发票专用章	
第三联：发票联　购买方记账凭证							

收款人：周梦龙　　复核：张海霞　　开票人：李伟　　销售方：（章）

图 2-174　增值税专用发票（发票联）

材料入库单

收料仓库：原材料库　　2021年11月10日　　收料单编号：211104

材料名称	单位	数量		单价	材料金额	运杂费	其他	合计
		应收数	实收数					
杉木指接板	张	300	300	160.00	48 000.00			¥48 000.00
密度板	张	200	200	40.00	8 000.00			¥8 000.00
合计					¥56 000.00			¥56 000.00
备注								

财务联

主管：丁一　　财务：吕凤　　入库验收：杨平　　仓库保管：李欢

图2-175　材料入库单

商业承兑汇票（卡　片）　　1　　20800360
37033029

出票日期（大写）　贰零贰壹 年 壹拾壹 月 零壹拾 日

付款人		收款人	
全称	立信办公家具有限公司	全称	佳多木材厂
账号	1102027654321234567	账号	6453634748292000321
开户银行	工行临江市和平路支行	开户银行	建设银行幸福路支行

出票金额	人民币（大写）陆万叁仟贰佰捌拾元整	亿	千	百	十	万	千	百	十	元	角	分
					¥	6	3	2	8	0	0	0

汇票到期日（大写）	贰零贰贰年零贰月零壹拾日	付款人开户行	行号	209303006831
交易合同号码	HT20141215		地址	工行临江市和平路支行
备注：		立信办公家具有限公司 财务专用章　张利印胜　出票人签章		

此联承兑人留存

图2-176　商业承兑汇票

借：原材料——杉木指接板　　48 000

　　　　——密度板　　8 000

　应交税费——应交增值税（进项税额）　　7 280

　贷：应付票据——佳多木材厂　　63 280

填制记账凭证，如图2-177所示。

训练提示：

采用通用记账凭证，将经济业务所涉及的会计科目全部填列在一张凭证内，借方在前，贷方在后，将各会计科目所记应借应贷的金额填列在“借方金额”和“贷方金额”栏内。借贷要相等。

记　账　凭　证

2021 年 11 月 10 日　　　　记 字第 3 号

摘要	会计科目		借方金额											贷方金额											记账
	总账科目	明细科目	万	千	百	十	万	千	百	十	元	角	分	万	千	百	十	万	千	百	十	元	角	分	✓
购入原材料	原材料	杉木指接板					4	8	0	0	0	0	0												
	原材料	密度板						8	0	0	0	0	0												
	应交税费	应交增值税（进项税额）						7	2	8	0	0	0												
	应付票据	佳多木材厂																6	3	2	8	0	0	0	
附件 1 张	合	计				¥	6	3	2	8	0	0	0				¥	6	3	2	8	0	0	0	

会计主管　　记账　　出纳　　审核　　制证 吕凤

图 2-177　记账凭证

其他提示参看任务二训练提示中有关记账凭证填制的基本内容和填制要求。

活动一：根据经济业务写出会计分录，并填制记账凭证。

2021 年 11 月 10 日，立信办公家具有限公司开出现金支票提取现金 10 000 元备用。具体如图 2-178 所示。

中国工商银行
现金支票存根
JL211105
20211111

附加信息

出票日期 2021 年11 月10 日

收款人： 立信办公家具有限公司
金　额：¥10 000.00
用　途：提现备用

单位主管 丁一　会计 吕凤

图 2-178　支票存根

(1) 写出会计分录。

(2) 填制记账凭证(图 2-179)。

活动二：根据经济业务写出会计分录，并填制记账凭证。

2021 年 11 月 10 日，立信办公家具有限公司销售给阳光办公家具有限公司办公桌椅

记　账　凭　证

年　月　日　　　　字第　号

摘要	会计科目		借方金额											贷方金额											记账
	总账科目	明细科目	万	千	百	十	万	千	百	十	元	角	分	万	千	百	十	万	千	百	十	元	角	分	✓
附件　张	合　　计																								

会计主管　　记账　　出纳　　审核　　制证

图 2-179　记账凭证

10 套，每套价格为 1 200 元。开出增值税专用发票，收到对方开来转账支票一张，支付价税款(阳光办公家具有限公司，纳税人识别号：64748362839470055E；地址：重庆市沙坪坝区沙中路 23 号；电话：023-456234578；开户银行：工行重庆市沙中路支行；账号：3682910097927305600)。具体如图 2-180、图 2-181 所示。

5000133730　　　　临江增值税专用发票　　　　No. 01250039

（印章：全国统一发票监制章 临江 国家税务总局监制）

此联不作报销、扣税凭证使用　　　　开票日期：2021 年 11 月 10 日

购货单位	名　　称：阳光办公家具有限公司 纳税人识别号：64748362839470055E 地 址、电 话：重庆市沙坪坝区沙中路 23 号 023-456234578 开户行及账号：工商银行沙中路支行，36829100979273	密码区	517766<98/198533204+<<<-100 63<+64<->876*98</8765*369+/ />+216>2>7/3-+47561<>786-/2 +782-/5432<4*-34>>>+923*300

货物或应税劳务的名称	规格型号	单位	数量	单价	金额	税率	税额
办公桌椅		套	10	1 200.00	12 000.00	13%	1 560.00
合计					¥12 000.00		¥1 560.00
价税合计(大写)	壹万叁仟伍佰陆拾元整				(小写) ¥13 560.00		

销货单位	名　　称：立信办公家具有限公司 纳税人识别号：500786207899876 地 址、电 话：临江市经济技术开发区玉秀路 18 号，5645443 开户行及账号：工行临江市经济技术开发区和平路支行，1102027654321234567	备注	（印章：立信办公家具有限公司 500106500040001 发票专用章）

收款人：　　复核：　　开票人：吕凤　　销货单位（章）：

第一联 记账联 销货方记账凭证

图 2-180　增值税专用发票(记账联)

中国工商银行　进账单

2021年11月10日

汇款人	全　称	阳光办公家具有限公司	收款人	全　称	立信办公家具有限公司
	账　号	3682910097927305600		账　号	110202765432l234567
	开户银行	工行重庆市沙中路支行		开户银行	工行临江市和平路支行
人民币（大写）	壹万叁仟伍佰陆拾元整			千百十万千百十元角分	¥1356000
票据种类	转账支票	票据张数	1张		
票据号码	20211110				
单位主管　　会计 复核　　记账				中国工商银行临江市和平路支行 2021.11.10 转讫 收款人开户行盖章	

图2-181　进账单

（1）写出会计分录。

（2）填制记账凭证(图2-182)。

记　账　凭　证

年　月　日　　字第　号

摘要	会计科目		借方金额											贷方金额											记账
	总账科目	明细科目	万	千	百	十	万	千	百	十	元	角	分	万	千	百	十	万	千	百	十	元	角	分	√
附件　张	合	计																							

会计主管　　记账　　出纳　　审核　　制证

图2-182　记账凭证

活动三：根据经济业务写出会计分录，并填制记账凭证。

2021年11月15日，立信办公家具有限公司车间主任覃胜报销差旅费1 500元(原预借2 000元)，交回现金500元。具体如图2-183所示。

（1）写出会计分录。

（2）填制记账凭证(图2-184)。

费 用 报 销 单

部门：生产车间　　　　2021 年 11 月 15 日　　　　编号：211104

开支内容	金额	结算方式
差旅费	1 500.00	1.冲借款 2 000.00 元
		2.转账 ______元
		3.汇款 ______元
合计：（大写）人民币壹仟伍佰元整		4.现金收讫 ¥500.00 元 现金收讫

附单据 1 张

会计主管：丁一　　单位负责人：张胜利　　出纳：王宁　　经办人：吕凤

图 2-183　费用报销单

记　账　凭　证

年　月　日　　　　字第　号

摘要	会计科目		借方金额											贷方金额											记账
	总账科目	明细科目	万	千	百	十	万	千	百	十	元	角	分	万	千	百	十	万	千	百	十	元	角	分	√
附件　张	合　　计																								

会计主管　　记账　　出纳　　审核　　制证

图 2-184　记账凭证

任务三　审核记账凭证

实例 3-3　2021 年 11 月 1 日，开出转账支票，偿还欠佳多木材厂材料款 226 000 元。具体如图 2-185、图 2-186 所示。

中国工商银行
转账支票存根
JL211105
20211101

附加信息

出票日期 2021 年 11 月 01 日

收款人：佳多木材厂
金　额：¥226 000.00
用　途：偿还货款

单位主管 丁一　会计 吕凤

图 2-185　支票存根

记　账　凭　证

2021 年 11 月 1 日　　记 字第 10 号

摘要	会计科目		借方金额											贷方金额											记账
	总账科目	明细科目	万	千	百	十	万	千	百	十	元	角	分	万	千	百	十	万	千	百	十	元	角	分	√
偿还材料款	银行存款						2	2	6	0	0	0	0												
	应付账款	佳多木材厂																2	2	6	0	0	0	0	
附件 1 张	合	计				¥	2	2	6	0	0	0	0				¥	2	2	6	0	0	0	0	

会计主管　　记账　　出纳　　审核　　制证 吕凤

图 2-186　记账凭证

审核结果：错误有 2 处，一是科目借贷方向错，二是金额错。

处理：重新填制一张记账凭证(图 2-187)。

记　账　凭　证

2021 年 11 月 1 日　　记 字第 10 号

摘要	会计科目		借方金额											贷方金额											记账
	总账科目	明细科目	万	千	百	十	万	千	百	十	元	角	分	万	千	百	十	万	千	百	十	元	角	分	√
偿还材料款	应付账款	佳多木材厂				2	2	6	0	0	0	0	0												
	银行存款																	2	2	6	0	0	0	0	
附件 1 张	合	计			¥	2	2	6	0	0	0	0	0			¥	2	2	6	0	0	0	0	0	

会计主管　　记账　　出纳　　审核　　制证 吕凤

图 2-187　记账凭证

活动一：2021 年 11 月 5 日，立信办公家具有限公司开出转账支票 6 360 元，支付临江欣怡广告有限公司广告费 6 000 元，增值税 360 元。具体如图 2-188 至图 2-191 所示。

中国工商银行
转账支票存根
JL211105
20211122

附加信息

出票日期 2021 年 11 月 05 日

收款人：
临江欣怡广告有限公司

金　额：¥6 360.00

用　途：偿还货款

单位主管 丁一　会计 吕凤

图 2-188　支票存根

5000223130　　吉林省增值税专用发票　　No. 2150290135

抵扣联

全国统一发票监制章 吉林 国家税务总局监制

开票日期：2021. 11. 05

购买方	名　　称：立信办公家具有限公司 纳税人识别号：50078620789987666E 地 址、电 话：临江市经济技术开发区玉秀路 18 号 0439-55645443 开户行及账号：工行临江市和平路支行 1102027654321234567				密码区	+/9898<98/198533204+<<<-123 90<+64<->876*98</8765*369+/ 0>+216>2>7/3-+47561<>786-/2 +782-/5432<4*-34>>>+923*898	
货物或应税劳务的名称	规格型号	单位	数量	单价	金额	税率	税额
广告服务				6 000. 00	6 000. 00	6%	360. 00
合计					¥6 000. 00		¥360. 00
价税合计(大写)	⊗陆仟叁佰陆拾元整				（小写）¥6 360. 00		
销售方	名　　称：临江欣怡广告有限公司 纳税人识别号：50078664782930116E 地 址、电 话：临江市经济技术开发区和平路 92-3 号 0439-35647892 开户行及账号：建行临江市和平路分行 6456979701123069543				备注	临江欣怡广告有限公司 50078664782930116E 发票专用章	

收款人：　　复核：　　开票人：陈河　　销售方：（章）

第二联：抵扣联　购买方扣税凭证

图 2-189　增值税专用发票(抵扣联)

6000223130　　吉林省增值税专用发票　　No. 2150290135

发票联

全国统一发票监制章 吉林 国家税务总局监制

开票日期：2021. 11. 05

购买方	名　　称：立信办公家具有限公司 纳税人识别号：50078620789987666E 地 址、电 话：临江市经济技术开发区玉秀路 18 号 0439-55645443 开户行及账号：工行临江市和平路支行 1102027654321234567				密码区	+/8998<98/198533204+<<<-123 90<+64<->876*98</8765*369+/ 0>+216>2>7/3-+47561<>786-/2 +782-/5432<4*-34>>>+923*998	
货物或应税劳务的名称	规格型号	单位	数量	单价	金额	税率	税额
广告服务				6 000. 00	6 000. 00	6%	360. 00
合计					¥6 000. 00		¥360. 00
价税合计(大写)	⊗陆仟叁佰陆拾元整				（小写）¥6 360. 00		
销售方	名　　称：临江欣怡广告有限公司 纳税人识别号：50078664782930116E 地 址、电 话：临江市经济技术开发区和平路 92-3 号 0439-35647892 开户行及账号：建行临江市和平路分行 6456979701123069543				备注	临江欣怡广告有限公司 50078664782930116E 发票专用章	

收款人：　　复核：　　开票人：陈河　　销售方：（章）

第三联：发票联　购买方记账凭证

图 2-190　增值税专用发票(发票联)

记 账 凭 证

2021 年 11 月 5 日 记 字第 12 号

摘要	会计科目		借方金额											贷方金额											记账
	总账科目	明细科目	万	千	百	十	万	千	百	十	元	角	分	万	千	百	十	万	千	百	十	元	角	分	✓
支付广告费	银行存款							6	6	3	0	0	0												
	应付账款	临江欣怡广告有限公司																	6	6	3	0	0	0	
附件 1 张	合	计					¥	6	6	3	0	0	0					¥	6	6	3	0	0	0	

会计主管 记账 出纳 审核 制证 吕凤

图 2-191 记账凭证

审核结果：

处理(图 2-192)：

记 账 凭 证

年 月 日 字第 号

摘要	会计科目		借方金额											贷方金额											记账
	总账科目	明细科目	万	千	百	十	万	千	百	十	元	角	分	万	千	百	十	万	千	百	十	元	角	分	✓
附件 张	合	计																							

会计主管 记账 出纳 审核 制证

图 2-192 记账凭证

活动二：2021 年 11 月 8 日，立信办公家具有限公司销售给阳光办公家具有限公司办公桌椅 150 套，每套 1 200 元。立信办公家具有限公司开出增值税专用发票，收到转账支票一张。具体如图 2-193 至图 2-195 所示。

5000223130　　　　吉林省增值税专用发票　　　　No. 2150291133

此联不作报销、扣税凭证使用　　　　开票日期：2021.11.08

购买方	名称：阳光办公家具有限公司 纳税人识别号：6474836283947005 5E 地址、电话：重庆市沙坪坝区沙中路23号 023—45623457 开户行及账号：工商银行沙中路支行 368291009792730 5600				密码区	+/7788<98/198533204+<<<-123 90<+64<->876*98</8765*369+/ 0>+216>2>7/3-+47561<>786-/2 +782-/5432<4*-34>>>+923*788	
货物或应税劳务的名称	规格型号	单位	数量	单价	金额	税率	税额
办公桌椅		套	150	1 200.00	180 000.00	13%	23 400.00
合计					¥180 000.00		¥23 400.00
价税合计(大写)	⊗贰拾万叁仟肆佰元整				（小写） ¥203 400.00		
销售方	名称：立信办公家具有限公司 纳税人识别号：500786207899876 66E 地址、电话：临江市经济技术开发区玉秀路18号 0439-55645443 开户行及账号：工行临江市和平路支行 1102027654321234567				备注		

第一联：记账联 销售方记账凭证

收款人：王宁　　复核：丁一　　开票人：吕凤　　销售方：（章）

图 2-193　增值税专用发票(记账联)

中国工商银行　进账单

2021年11月10日

汇款人	全称	阳光办公家具有限公司	收款人	全称	立信办公家具有限公司
	账号	3682910097927305600		账号	1102027654321234567
	开户银行	工行重庆市沙中路支行		开户银行	工行临江市和平路支行

人民币（大写）	千	百	十	万	千	百	十	元	角	分
贰拾万叁仟肆佰元整		¥	2	0	3	4	0	0	0	0

票据种类	转账支票	票据张数	1张
票据号码	03600378		

单位主管　　会计

复核　　记账

中国工商银行临江市和平路支行 2021.11.10 转讫

收款人开户行盖章

图 2-194　进账单

记　账　凭　证

2021年　11　月　18日　　　　记 字第　13 号

摘要	总账科目	明细科目	借方万	千	百	十	万	千	百	十	元	角	分	贷方万	千	百	十	万	千	百	十	元	角	分	记账✓
收到货款	银行存款					2	0	3	4	0	0	0	0												
	应付账款	阳光办公家具有限公司															2	0	3	4	0	0	0	0	
附件 1 张	合	计			¥	2	0	3	4	0	0	0	0			¥	2	0	3	4	0	0	0	0	

会计主管　　记账　　出纳　　审核　　制证　吕凤

图 2-195　记账凭证

审核结果：

处理(图 2-196)：

记 账 凭 证

年 月 日 字第 号

摘要	会计科目		借方金额											贷方金额											记账✓
	总账科目	明细科目	万	千	百	十	万	千	百	十	元	角	分	万	千	百	十	万	千	百	十	元	角	分	
附件 张	合 计																								

会计主管 记账 出纳 审核 制证

图 2-196 记账凭证

活动三：2021 年 11 月 18 日，财务部购入计算器 1 个，单价 32 元；A4 纸 4 箱，单价 200 元，以现金支付款项，取得普通发票。当日，财务部领用计算器和 A4 纸，生产车间领用 A4 纸。相关原始凭证如图 2-197 至图 2-201 所示。

5000161140 吉林省增值税普通发票 No. 1306098018

发 票 联 开票日期：2021. 11. 18

（印章：全国统一发票监制章 吉林 国家税务总局监制）

购买方	名 称：立信办公家具有限公司 纳税人识别号：50078620789987666E 地 址、电 话：临江市经济技术开发区玉秀路 18 号 0435-55645443 开户行及账号：工行临江市和平路支行 1102027654321234567				密码区	+/3266<98/876533204+<<<-334 <+64<->84532*98</8765*369+/ 0>+2357897/3-+47561<>786-/2 +782-/54232<4*-43>>>+923*17		
货物或应税劳务、服务名称	规格型号	单位	数量	单价	金额	税率	税额	
A4 纸		箱	4	200.00	800.00	3%	24.00	
计算器		个	1	32.00	32.00	3%	0.96	
合计			现金付讫		¥832.00		¥24.96	
价税合计(大写)	⊗捌佰伍拾陆元玖角陆分				（小写） ¥856.96			
销售方	名 称：临江红星文具有限公司 纳税人识别号：654231589885325635 地 址、电 话：临江市经济技术开发区玉秀路 90 号 0439-55645335 开户行及账号：工行临江市和平路支行 1102027654321987654				备注	（印章：临江市红星文具有限公司 654231589885325635 发票专用章）		

第二联：发票联 购买方记账凭证

收款人：李曼 复核：王慧 开票人：赵晓 销售方：（章）

图 2-197 增值税普通发票

费 用 报 销 单

部门：财务部 2021 年 11 月 18 日 编号：211108

开支内容	金额	结算方式
办公用品费	856.96	1.冲借款 ______元
		2.转账 ______元
		3.汇款 ______元
合计：（大写）人民币捌佰伍拾陆元玖角陆分		4.现金付讫 ¥856.96 元 现金付讫

附单据 1 张

会计主管：丁一 单位负责人：张胜利 出纳：王宁 经办人：吕风

图 2-198 费用报销单

办 公 用 品 领 用 单

领用部门：财务部　　　　　　　　　　领用时间：2021 年 11 月 18 日

序号	品名	规格	单位	数量	单价	金额
1	计算器		个	1	32.96	32.96
2	A4 纸		箱	2	412.00	412.00
3						
4						
5						
合计						¥444.96

主管：张胜利　　审核：丁一　　保管：李欢　　经办：吕凤

图 2-199　办公用品领用单

办 公 用 品 领 用 单

领用部门：生产车间　　　　　　　　　　领用时间：2021 年 11 月 18 日

序号	品名	规格	单位	数量	单价	金额
1	A4 纸		箱	2	412.00	412.00
2						
3						
4						
5						
合计						¥412.00

主管：张胜利　　审核：丁一　　保管：李欢　　经办：覃胜

图 2-200　办公用品领用单

记　　账　　凭　　证

2021 年 11 月 18 日　　　　　　　　记 字第 15 号

摘要	会计科目		借方金额											贷方金额											记账
	总账科目	明细科目	万	千	百	十	万	千	百	十	元	角	分	万	千	百	十	万	千	百	十	元	角	分	√
领用办公用品	财务费用									3	2	0	0												
	管理费用								4	0	0	0	0												
	库存现金																			4	3	2	0	0	
附件 1 张	合	计						¥	4	3	2	0	0						¥	4	3	2	0	0	

会计主管　　记账　　出纳　　审核　　制证 吕凤

图 2-201　记账凭证

审核结果：

处理（图 2-202）：

记　账　凭　证

年　月　日　　　　字第　号

摘要	会计科目		借方金额											贷方金额											记账
	总账科目	明细科目	万	千	百	十	万	千	百	十	元	角	分	万	千	百	十	万	千	百	十	元	角	分	√
附件　张	合	计																							

会计主管　　记账　　出纳　　审核　　制证

图 2-202　记账凭证

训练提示：

（1）审核是否按已审核无误的原始凭证填制记账凭证。记录的内容与所附原始凭证是否一致，金额是否相等；所附原始凭证的张数是否与记账凭证所列附件张数相符。

（2）审核记账凭证所列会计科目（包括一级科目、明细科目），应借、应贷方向和金额是否正确；借贷双方的金额是否平衡；明细科目金额之和与相应的总账科目的金额是否相等。

（3）审核记账凭证摘要是否填写清楚，日期、凭证编号、附件张数以及有关人员签章等各个项目填写是否齐全。若发现记账凭证填列不完整、签章不齐全，应查明原因，责令更正、补充或重填。

在审核记账凭证的过程中，会计人员如发现记账凭证填制有误，应当按照规定的方法及时加以更正或重新填制。只有经过审核无误的记账凭证，才能作为登记账簿的依据。

任务四　会计凭证装订与保管技能训练

会计凭证作为会计档案的重要组成部分，必须妥善加以保护和管理，每个经手会计凭证的人员都有责任完整和齐全地保管好手中的相关资料和单据。

当期完成会计凭证的各项工作后，会计人员应将各种会计凭证加以汇总、整理，按记账凭证的编号顺序，连同所附的原始凭证或原始凭证汇总表，折叠一致，排列整齐，并加具凭证封面、封底，装订成册，在装订线上加盖封签。

如果原始凭证的数量过多，不便一起装订的，可以不附在记账凭证后面，会计人员应将其单独抽出来，装订成册保管；在装订成册的封面注明记账凭证的日期、种类、编号，同时在记账凭证的封底注明“附件另订”以及原始凭证的名称和编号。

学生在训练提示和教师演示下，可以先单独完成单项训练的资料装订，再完成综合实训部分会计凭证的装订。每个学生将会计实训资料完整装入档案盒，上交实训教师评定实训成绩，再交由学校统一保管。

装订好的凭证，如图 2-203 所示。

图 2-203　装订好的凭证

训练提示：

1. 装订要求

（1）整齐、美观、牢固。凭证厚度一般为 1.5 厘米，最多不超过 3 厘米，如果本月凭证过多，可装订为多本。

（2）银行对账单、银行存款余额调节表不是原始凭证，但却是重要的会计资料，要单独装订保存。

（3）凭证中不能有大头针、曲别针、订书钉等金属物。

（4）写好凭证封面、单位名称、年度、月份、凭证种类(收付转)、起始日期、起始号数。

（5）线绳结要打在凭证背面。

2. 会计凭证的装订步骤：

（1）检查准备的装订物品(图 2-204)。

（2）按照凭证号排序，将相应附件贴在凭证的后面，整理整齐会计凭证，如图 2-205 所示。

（3）整理好后用夹子夹住，再放凭证封面、底面、包角纸，如图 2-206 所示。

（4）用装订机打孔，注意距离避免订到附件上的内容，打好孔后用线固定。

（5）将夹子拿开将包角纸涂上胶水，贴好即可(如果没有放包角纸，则需要单独进行包角)。

3. 手动装订方法

（1）左侧打孔装订法：距左边沿 1.5 厘米处均匀打 2 个孔或 3 个孔，穿好线绳，在背面打结系紧后，剪掉多余绳头，用胶水粘好封皮，如图 2-207 所示。

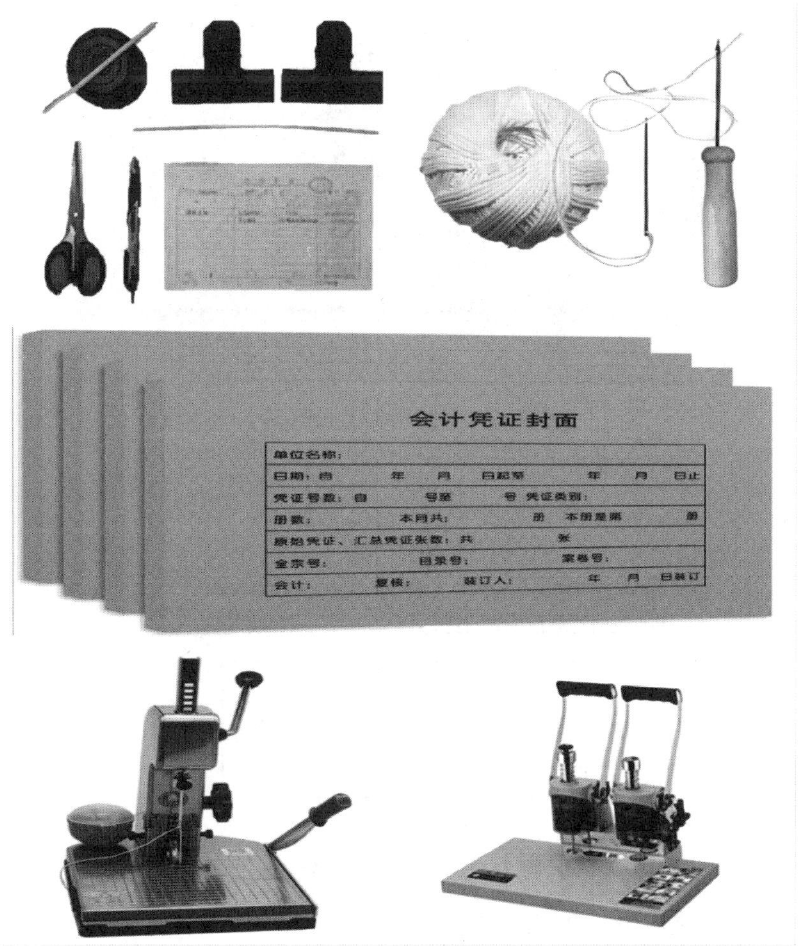

图 2-204　装订物品

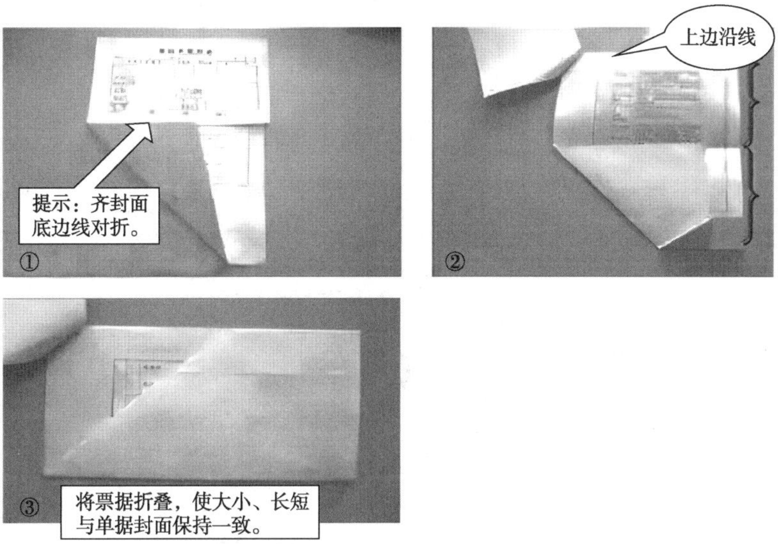

图 2-205　整理会计凭证(一)

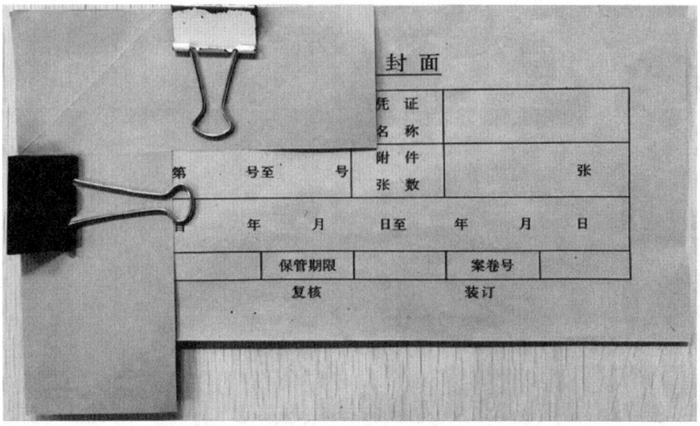

图 2-206 整理会计凭证(二)

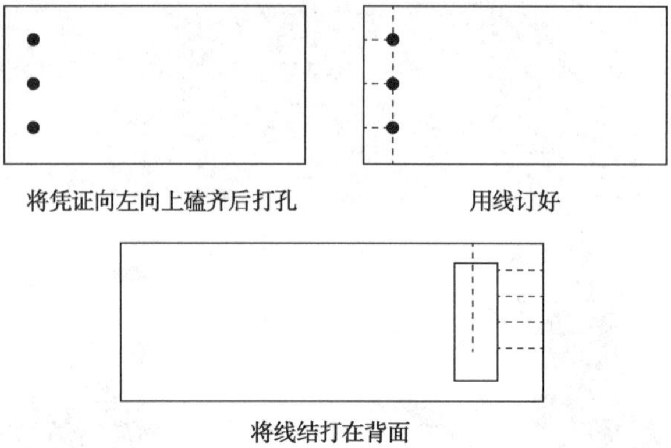

图 2-207 左侧打孔装订法

(2) 左上角打孔装订法：分别距左边沿、上边沿 1.5 厘米各打 1 孔，然后按下图所示穿线装订，如图 2-208、图 2-209 所示。

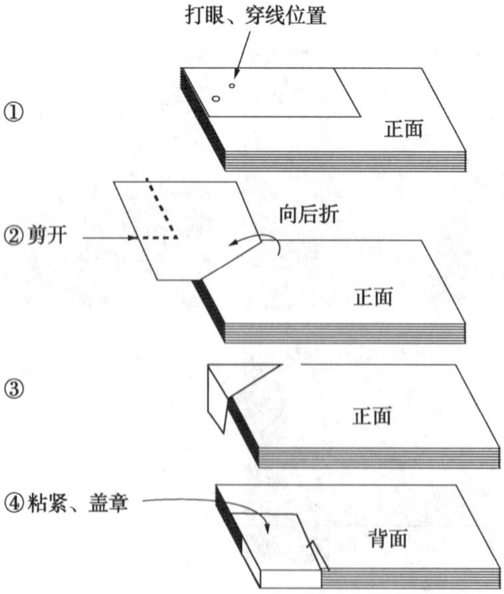

图 2-208 左上角打孔装订法

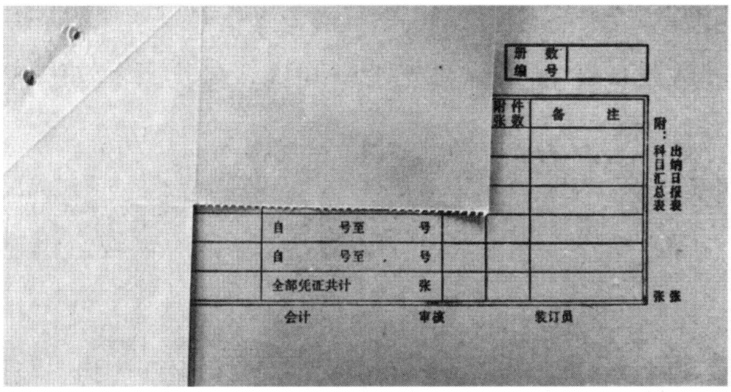

图 2-209　左上角打孔

4. 自动机器装订法

自动机器装订法，如图 2-210、图 2-211 所示。

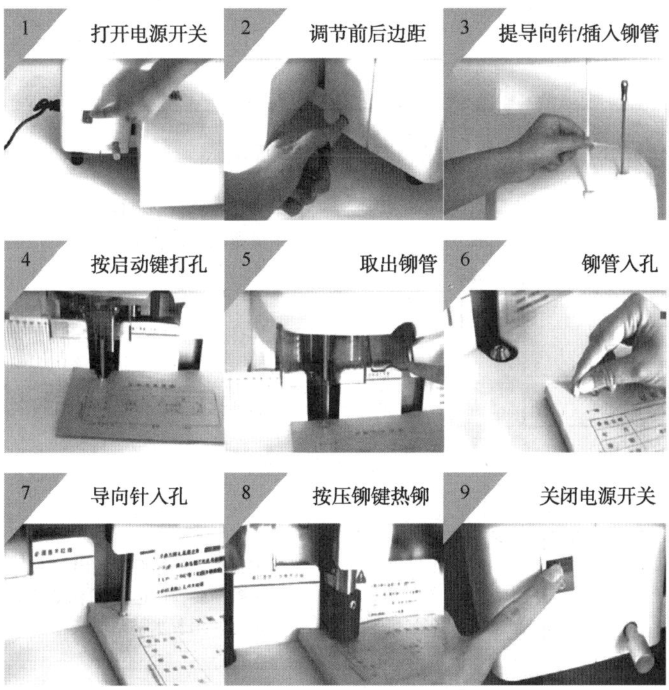

图 2-210　自动机器装订法(一)

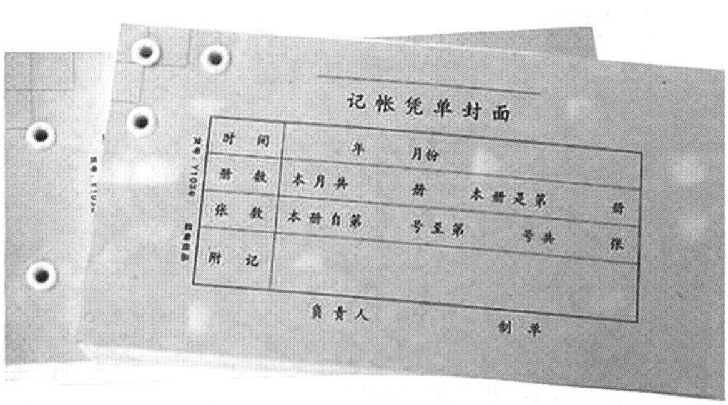

装订完成样品

图 2-211　自动机器装订法(二)

5. 包角

（1）一张包角纸一般是 2 个包角，要先沿中间虚线处剪开，如图 2-212 所示。

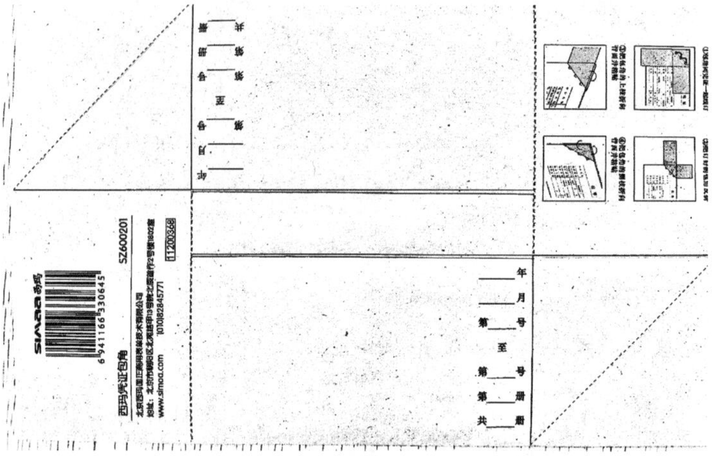

图 2-212　包角纸

（2）包角的折叠方法，如图 2-213、图 2-214 所示。

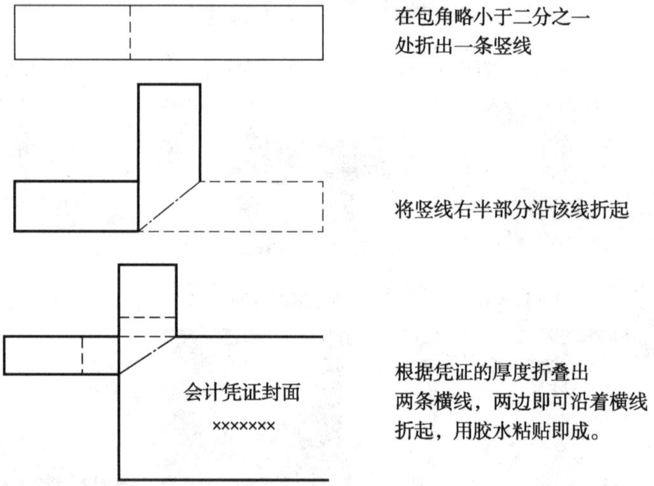

图 2-213　包角的折叠方法

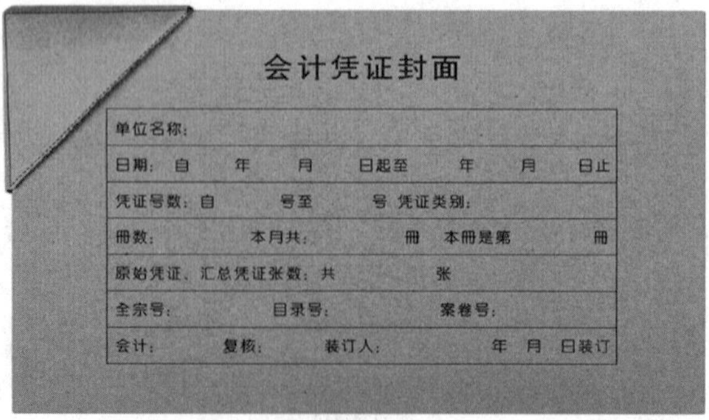

图 2-214　包角完成的记账凭证

6. 会计凭证的保管

会计凭证的保管，是指会计凭证登账后的整理、装订和归档存查。会计凭证是记账的依据，是重要的经济档案和历史资料，所以对会计凭证必须妥善整理和保管，不得丢失或任意销毁。会计凭证的保管如图 2-215 所示。

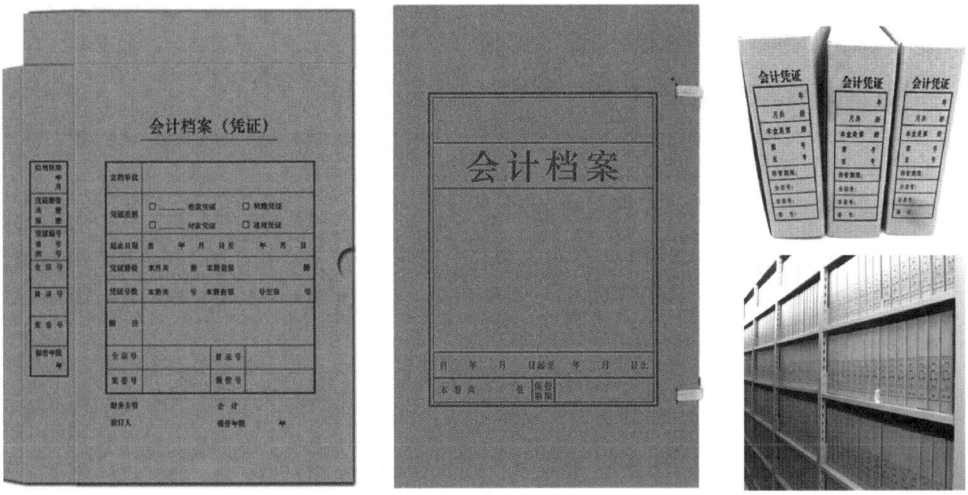

图 2-215　会计凭证的保管

会计凭证的保管，既要做到会计凭证的安全和完整无缺，又要便于凭证的事后调阅和查找。会计凭证保管的主要方法和要求如下：

(1) 每月记账完毕，会计人员要将本月各种记账凭证加以整理，检查有无缺号和附件是否齐全。然后按顺序号排列，装订成册。为了便于事后查阅，装订好的会计凭证应加具封面，封面上应注明：单位的名称、所属的年度和月份、起讫的日期、记账凭证的种类、起讫号数、总计册数等，并由有关人员签章。为了防止任意拆装，在装订线上要加贴封签，并由会计主管人员盖章。

(2) 如果在 1 个月内，凭证数量过多，可分装若干册，在封面上加注共几册字样。如果某些记账凭证所附原始凭证数量过多，也可以单独装订保管，但应在其封面及有关记账凭证上加注说明，对重要原始凭证，如合同、契约、押金收据以及需要随时查阅的收据等在需要单独保管时，应编制目录，并在原记账凭证上注明另行保管，以便核查。

(3) 装订成册的会计凭证应集中保管，并指定专人负责。其他单位和个人经本单位领导批准调阅会计凭证，要填写“会计档案调阅表”，详细填写借阅会计凭证的名称、调阅日期、调阅人姓名和工作单位、归还日期、调阅批准人等。原始凭证不得外借，调阅人员一般不得将会计凭证携带外出。需要复制的，要说明所复制的会计凭证名称、张数，经本单位领导同意后在本单位财会人员监督下进行，并登记与签字。

(4) 会计凭证的保管期限和销毁手续，必须严格执行国家会计法规和财经纪律的规定，任何人无权自行随意销毁。对保管期满需要销毁的会计凭证，必须报经本单位的主管单位审核，主管部门检查、核实确定没有问题后，批准销毁，本单位按照规定手续，由有关人员监督销毁。会计档案保管年限的具体规定见本教材附录“会计知识链接”。

项目四　会计账簿技能训练

实训准备：财会专用签字笔或钢笔(黑色和红色)、账夹、各类账页；

实训目标：登记账簿是会计人员最基本的工作，是会计专业学生必须掌握的最基本技能。本项目实训，使学生明确账簿的种类和基本结构，熟悉登记账簿的一般要求，掌握账簿登记的基本操作技能。完成本模块的学习后，学生将有以下收获：

- 学会填制账簿启用表；
- 掌握登记账簿的规则和更正错账的方法；
- 掌握日记账、总账和明细账(三栏式、多栏式、数量金额式)的建账与登记方法；
- 掌握对账、结账的方法；
- 学会装订活页账、更换新账簿的方法。

实训要求：本项目结合综合技能训练资料同步完成综合的训练。

实训资料：

(1) 立信办公家具有限公司 2021 年 11 月份部分总分类账账户的期初余额，见表 2-8 所示。

表 2-8　部分账户期初余额　　单位：元

账户名称	借或贷	金额	账户名称	借或贷	金额
库存现金	借方	6 500.00	应付账款	贷方	113 000.00
银行存款	借方	856 479.00			
原材料	借方	36 000.00			

(2) 立信办公家具有限公司 2021 年 11 月份部分明细分类账账户的期初余额，见表 2-9、表 2-10 所示。

表 2-9　部分明细分类账户的期初余额　　单位：元

账户名称		数量(立方米)	单价	金额
原材料	杉木指接板	200	160.00	32 000.00
	密度板	100	40.00	4 000.00

表 2-10　部分明细分类账户的期初余额　　单位：元

账户名称		借或贷	金额
应付账款	佳多木材厂	贷方	113 000.00

(3) 立信办公家具有限公司 2021 年 11 月份部分经济业务(原始凭证见项目三中任务二所附原始凭证，记账凭证已审核无误)。

（4）11 月 5 日，开出转账支票，偿还前欠佳多木材厂材料款 113 000 元。记账凭证如图 2-216 所示。

记 账 凭 证

2021 年 11 月 5 日 记 字第 01 号

摘要	会计科目		借方金额											贷方金额											记账√
	总账科目	明细科目	万	千	百	十	万	千	百	十	元	角	分	万	千	百	十	万	千	百	十	元	角	分	
偿还货款	应付账款	佳多木材厂				1	1	3	0	0	0	0	0												
	银行存款																1	1	3	0	0	0	0	0	
附件 1 张	合	计			¥	1	1	3	0	0	0	0	0			¥	1	1	3	0	0	0	0	0	

会计主管 丁一 记账 吕凤 出纳 王宁 审核 丁一 制证 吕凤

图 2-216 记账凭证

（5）11 月 10 日，公司车间主任覃胜出差，预借差旅费 2 000 元，出纳人员以现金付讫。记账凭证如图 2-217 所示。

记 账 凭 证

2021 年 11 月 10 日 记 字第 02 号

摘要	会计科目		借方金额											贷方金额											记账√
	总账科目	明细科目	万	千	百	十	万	千	百	十	元	角	分	万	千	百	十	万	千	百	十	元	角	分	
预借差旅费	其他应收款	覃胜						2	0	0	0	0	0												
	库存现金																		2	0	0	0	0	0	
附件 1 张	合	计					¥	2	0	0	0	0	0					¥	2	0	0	0	0	0	

会计主管 丁一 记账 吕凤 出纳 王宁 审核 丁一 制证 吕凤

图 2-217 记账凭证

（6）2021 年 11 月 10 日，立信办公家具有限公司向佳多木材厂（纳税人识别号：54658293020200299B；地址：临江市河西区幸福路 45 号；电话：0439-35647890；开户银行：建设银行幸福路支行；账号：645363474829200321；合同编号：HT20141214）购入杉木指接板 300 张，每张价格为 160 元；密度板 200 张，每张价格为 40 元。收到增值税专用发票，开出期限 3 个月的商业承兑汇票一张，支付价税款。材料已经验收入库。记账凭证如图 2-218 所示。

记　账　凭　证

2021 年　11 月　10 日　　　　　　记　字第　03　号

摘要	会计科目		借方金额											贷方金额											记账√
	总账科目	明细科目	万	千	百	十	万	千	百	十	元	角	分	万	千	百	十	万	千	百	十	元	角	分	
购入原材料	原材料	杉木指接板					4	8	0	0	0	0	0												
	原材料	密度板						8	0	0	0	0	0												
	应交税费	应交增值税（进项税额）						7	2	8	0	0	0												
	应付票据	佳多木材厂																6	3	2	8	0	0	0	
附件 3 张	合	计				¥	6	3	2	8	0	0	0				¥	6	3	2	8	0	0	0	

会计主管　丁一　　记账　吕凤　　出纳　　　审核　丁一　　制证　吕凤

图 2-218　记账凭证

（7）2021 年 11 月 10 日，开出现金支票提取现金 10 000 元备用。记账凭证如图 2-219 所示。

记　账　凭　证

2021 年　11 月　10 日　　　　　　记　字第　04　号

摘要	会计科目		借方金额											贷方金额											记账√
	总账科目	明细科目	万	千	百	十	万	千	百	十	元	角	分	万	千	百	十	万	千	百	十	元	角	分	
提现备用	库存现金						1	0	0	0	0	0	0												
	银行存款																	1	0	0	0	0	0	0	
附件 1 张	合	计				¥	1	0	0	0	0	0	0				¥	1	0	0	0	0	0	0	

会计主管　丁一　　记账　吕凤　　出纳　王宁　　审核　丁一　　制证　吕凤

图 2-219　记账凭证

（8）11 月 10 日，立信办公家具有限公司销售给阳光办公家具有限公司办公桌椅 10 套，每套售价 1 200 元。立信办公家具有限公司开出增值税专用发票，收到对方开来转账支票一张，支付价税款(阳光办公家具有限公司，纳税人识别号：64748362839470055E；地址：重庆市沙坪坝区沙中路 23 号；电话：023-456234578；开户银行：工行重庆市沙中路支行；账号：3682910097927305600)。记账凭证如图 2-220 所示。

（9）2021 年 11 月 15 日，公司车间主任覃胜报销差旅费 1 500 元(原预借 2 000 元)，交回现金 500 元。记账凭证如图 2-221 所示。

记　账　凭　证

2021 年　11 月　10 日　　　　　　　记　字第　05　号

摘要	会计科目		借方金额											贷方金额											记账✓
	总账科目	明细科目	万	千	百	十	万	千	百	十	元	角	分	万	千	百	十	万	千	百	十	元	角	分	
销售产品，款已收	银行存款						1	3	5	6	0	0	0												
	主营业务收入	桌椅																1	2	0	0	0	0	0	
	应交税费	应交增值税（销项税额）																	1	5	6	0	0	0	
附件　1　张	合	计				¥	1	3	5	6	0	0	0				¥	1	3	5	6	0	0	0	

会计主管　丁一　　记账　吕凤　　出纳　王宁　　审核　丁一　　制证　吕凤

图 2-220　记账凭证

记　账　凭　证

2021 年　11 月 15 日　　　　　　　记　字第　06 号

摘要	会计科目		借方金额											贷方金额											记账✓
	总账科目	明细科目	万	千	百	十	万	千	百	十	元	角	分	万	千	百	十	万	千	百	十	元	角	分	
报销差旅费	制造费用	差旅费						1	5	0	0	0	0												
	库存现金								5	0	0	0	0												
	其他应收款	覃胜																	2	0	0	0	0	0	
附件　1　张	合	计					¥	2	0	0	0	0	0					¥	2	0	0	0	0	0	

会计主管　丁一　　记账　吕凤　　出纳　王宁　　审核　丁一　　制证　吕凤

图 2-221　记账凭证

任务一　账簿启用

登记账簿是会计核算的内容之一，单位登记的账簿应具备封面、扉页和账页三大基本内容。账簿基本内容如表 2-11 所示。

表 2-11　账簿基本内容

账簿基本内容	
封面	账簿名称、记账单位名称、账簿册数、会计年度、负责人签名
扉页	账簿名称、编号、页数、启用日期、经管人员姓名及交接记录
	账户目录
	主管会计人员签章
账页	账户名称、总页数、分页数
	经济业务内容
	“记账日期栏”“凭证种类”及“号数”栏、“摘要”栏、“借、贷方金额”栏、“余额方向”栏、“余额”栏

为了保证账簿记录的合法性和完整性，明确记账责任，会计人员在启用会计账簿时，应在账簿封面(图 2-222)上写明账簿名称和单位名称等相关内容，并填制账簿扉页上的“账簿启用登记表”，具体如图 2-223 所示。

总分类账

单位名称　立信办公家具有限公司

账簿册数　本年共　12　册　本册是第 11册

账簿页数　本册自　1　页至　50　页共　50　页

会计年度　自2019年1月1日至2019年12月31日

单位负责人　利张印胜　　财务负责人　丁一

图 2-222　总分类账

账　簿　启　用　表

单位名称	立信办公家具有限公司									单 位 公 章
账簿名称	总分类账									
账簿编号	字 第　号 第　册 共　册									
账簿页数	本账簿共计 *50* 页									
启用日期	2021 年 11 月 01 日									
经 管 人 员		接 管			移 交			会 计 负 责 人		印花税票粘贴处
姓 名	盖 章	年	月	日	年	月	日	姓 名	盖 章	印花税票
吕凤	吕凤	2021	11	1				丁一	丁一	

图 2-223　账簿启用表

训练提示：

（1）账簿启用表包括：启用日期、账簿页数、记账人员和会计机构负责人、会计主管人员姓名，并加盖人员名章和单位公章。记账人员或者会计机构负责人、会计主管人员在调动工作时，应当注明移交日期、接办人员或者监交人员姓名，并由交接双方签名或盖章，以明确双方经济责任。

（2）印花税是对经济活动中书立、使用、领受具有法律效力的应税凭证的单位和个人征收的一种税，因为采取在应税凭证上粘贴印花税票完税而得名。

① 对于启用的非资金类账簿，按件贴花 5 元；对于记载单位资金的账簿，单位刚成立启用新账簿的，按实收资本的 0. 5‰贴花，以后每年按实收资本和资本公积增加金额的 0. 5‰贴花，若实收资本和资本公积未增加的，免贴印花。

② 启用新账簿时企业应自行计算应纳税额后，自行向税务机关购买印花税票，自行一次贴足印花税票并加以注销或画销。

（3）启用订本式账簿，从第一页到最后一页应按顺序编写页数，不得跳页、缺号。使用活页式账页，应按照账户顺序编号，并定期装订成册。装订后再按照实际使用的账页顺序编写页码，另加账户目录表，记明每个账户的名称和页次。

任务二 日 记 账

日记账是序时账，必须按照经济业务发生的时间先后顺序进行记载。日记账分为现金日记账和银行存款日记账，由出纳人员进行登记。

根据实训资料和训练提示，完成现金日记账和银行存款日记账的建账和登记，具体如图 2-224 所示。

第 1 页

现金日记账

2021年		凭证编号	摘要	对方科目	借方											贷方											借或贷	余额											V
月	日				亿	千	百	十	万	千	百	十	元	角	分	亿	千	百	十	万	千	百	十	元	角	分		亿	千	百	十	万	千	百	十	元	角	分	
11	1		期初余额																								借						6	5	0	0	0	0	
11	10	记2	预借差旅费	其他应收款																	2	0	0	0	0	0	借						4	5	0	0	0	0	
11	10	记4	提现备用	银行存款					1	0	0	0	0	0	0												借					1	4	5	0	0	0	0	
11	15	记6	报销差旅费	其他应收款							5	0	0	0	0												借					1	5	0	0	0	0	0	

图 2-224 现金日记账

训练提示：

一、现金日记账的建账与登记方法

现金日记账通常使用订本式账簿，采用设有“借方”“贷方”“余额”结构的三栏式账页；月初，新建账页，根据上月库存现金日记账的月末余额，登记本月的期初余额。

（1）出纳人员应当每日根据审核无误的现金收款凭证和现金付款凭证（采用通用记账凭证的，直接根据记账凭证），按照经济业务发生的先后顺序，逐笔登记现金日记账，并结出余额，每日终了应将余额数与库存现金进行核对，检查账实是否相符，即做到日清日结。

（2）登记现金日记账时，“年、月、日”“凭证编号”“摘要”各栏根据记账凭证及所附原始凭证填写；“对方科目”栏根据现金收款凭证中的贷方科目或者现金付款凭证中的借方科目填写；“借方”栏根据现金收款凭证或者银行存款付款凭证中的合计金额填写；“贷方”栏根据现金付款凭证中的合计金额填写(采用通用记账凭证的，“库存现金”科目在借方，“对方科目”照凭证贷方科目写，金额登记在“借方”；“库存现金”科目在贷方，“对方科目”照凭证借方科目写，金额登记在“贷方”)；借贷填写后及时结出余额。

(3) 登记现金日记账时，必须遵循账簿登记的规则。①登记及时。②内容准确、清楚、完整，并在记账凭证上标明记账符号。③一般用蓝黑墨水笔或者碳素墨水笔书写，不得使用铅笔或圆珠笔。红色墨水笔必须按照规定使用，如划线、改错、填写红字记账凭证冲销错误记录等。④文字清晰、端正，数字书写规范化(参照小写数字单项训练)。⑤各种账簿必须按照编定的页次，连续记录，不得隔页、跳行。如果不慎发生隔页、跳行时，会计人员应将空页或空行划线注销，或者注明“此行空白”“此页空白”字样，并由记账人员签名或盖章。具体如图 2-225 所示。

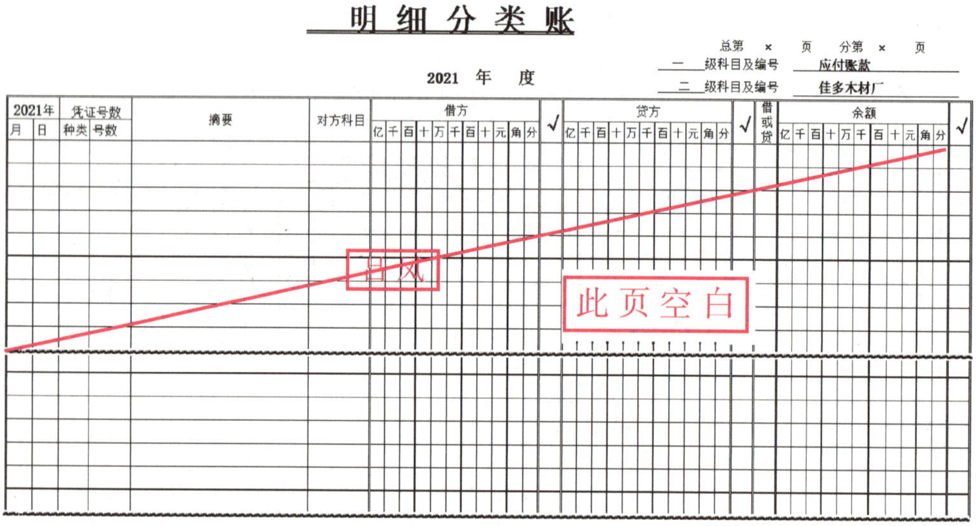

图 2-225 明细分类账

需要结出余额的账户，应当在“借或贷”栏内写明“借”或“贷”，表明余额的方向；没有余额的账户，应当在“借或贷”栏内写“平”字，并在余额栏内用“θ”表示。现金日记账和银行存款日记账必须逐日结出余额。每张账页记录结束转入下页登记时，需在本账页的最后一行和下一张账页的第一行进行转页登记。即在本账页最后一行加计本页的借方、贷方发生额合计并结出余额，在“摘要”栏写明“过次页”；同时将计算出的借方、贷方发生额合计和余额记入下一页的第一行内的“借方”“贷方”“余额”栏，在“摘要”栏写明“承前页”。转页登记完成后，会计人员再继续登记经济业务，以保证账簿登记的连续性。账簿记录如果发生错误，不得随意涂改，更不能刮擦、挖补或用褪色药水消除字迹。发现错误后，应及时查找错账的具体内容，按照规定的正确更正错账的方法予以更正。

二、银行存款日记账的建账与登记方法

(1) 银行存款日记账通常使用订本式账簿，采用设有“借方”“贷方”“余额”结构的三栏式账页。

(2) 月初，新建账页，根据上月“银行存款日记账”的月末余额，登记本月的期初余额。

(3) 当月出纳人员根据审核无误的银行收款凭证和银行付款凭证(采用通用记账凭证的，直接根据记账凭证)，按照经济业务发生的先后顺序，逐日逐笔记录和反映银行存款的增减变化，并结出余额。每月末，会计人员应将本单位的银行存款日记账余额数与开户银行转来的对账单进行逐笔核对，以检查本单位银行存款日记账的记录是否正确。

(4) 登记银行存款日记账时，“年、月、日”“凭证编号”“摘要”各栏根据记账凭证及所附原始凭证填写；“结算方式”栏根据所发生的经济业务的结算凭证的种类和编号填写；“对方科目”栏根据银行存款收款凭证中的贷方科目或者银行存款付款凭证中的借方科目填写；“借方”栏根据银行存款收款凭证或现金付款凭证合计行金额填写；“贷方”栏根据银行存款付款凭证中的合计行金额填写(采用通用记账凭证的，“银行存款”科目在借方，“对方科目”照凭证贷方科目写，金额登记在“借方”；“银行存款”科目在贷方，“对方科目”照凭证借方科目写，金额登记在“贷方”)；借贷填写后及时计算结出余额，填列在“余额”栏，表示银行存款的结存数。

(5) 登记银行存款日记账时，必须遵循账簿登记的规则。

银行存款日记账如图 2-226 所示。

开户银行：工行临江市和平路支行　　**银行行存款日记账**　　银行账号：1102027654321234567

2019年 月	日	凭证编号	摘要	银行凭证 种类	号码	对方科目	借方	贷方	借或贷	余额	V
11	1		期初余额						借	85647900	
11	5	记1	偿还货款	转支	20211101	应付账款		11300000	借	74347900	
11	10	记4	提现备用	现支	20211101	库存现金		1000000	借	73347900	
11	10	记5	销售产品	转支	20211102	主营业务收入等	1356000		借	74503900	

图 2-226　银行存款日记账

任务三　总分类账

总分类账简称总账。通过总分类账可以集中、全面地反映经济活动的总体情况，为会计核算提供总括的信息。每个企业都要根据本单位经济活动的实际情况设置相关的总分类账。

根据实训资料和训练提示，完成原材料、其他应收款、主营业务收入、应交税费、应付票据、银行存款、库存现金、制造费用总分类账的建账和登记。

总分类账如图 2-227 所示。

总 分 类 账

总第　×　页　分第　×　页

2021 年 度　　会计科目及编号：应付账款

2021年 月	日	凭证号数 种类	号数	摘要	对方科目	借方	√	贷方	√	借或贷	余额	√
11	1			期初余额						贷	11300000	
11	5	记	1	偿还货款	银行存款	11300000				平	0	

图 2-227　总分类账

训练提示：

(1) 总分类账通常采用“三栏式”账页，其基本结构为“借方”“贷方”“余额”三栏。

(2) 总分类账既可以直接根据会计凭证和所附的原始凭证逐日逐笔进行登记，也可以先编制记账凭证汇总表(科目汇总表)，然后再根据记账凭证汇总表在相应的总分类账簿中进行登记。

(3) 总分类账中各栏所记载内容应与记账凭证或记账凭证汇总表内容各项目记载的内容吻合。

(4) 根据记账凭证汇总表进行登记时，会计人员应在总账的“摘要”栏写明“根据×月×日至×日的记账凭证汇总表”。

任务四　明细分类账

明细分类账简称明细账，是按明细分类账户(子目或细目)进行分类登记的账簿。明细分类账户是有关总分类账户的补充，对有关总分类账户起着详细说明的作用。

根据实训资料和训练提示，完成明细分类账“原材——密度板、应交税费——应交增值税、其他应收款——覃胜、应付票据——佳多木材厂”的建账和登记。

训练提示：

总分类账户和明细分类账户，登记的会计凭证依据相同，核算内容相同，两者结合起来既总括又详细地反映同一事物。因此，总分类账户和明细分类账户必须平行登记。要点如下：

(1) 依据相同。对所发生的每项经济业务都要以会计凭证为依据，一方面记入有关总分类账户，另一方面记入所辖明细分类账户。

(2) 方向相同。在总分类账户及其所辖的明细分类账户中登记同一项经济业务时，方向通常相同。即在总分类账户中记入借方，在其所辖的明细分类账户中也应记入借方；在总分类账户中记入贷方，在其所辖的明细分类账户中一般也应记入贷方。

(3) 期间一致。发生的经济业务，记入总分类账户和所辖明细分类账户的具体时间可以有先后，但应在同一个会计期间记入总分类账户和所辖明细分类账户。

(4) 金额相等。记入总分类账户的金额必须与记入其所辖的一个或几个明细分类账户的金额合计数相等。

明细账的格式应根据各单位经营业务的特点和管理需要来确定，常用的格式主要有三栏式明细分类账、数量金额式明细分类账和多栏式明细账。

三栏式明细分类账的账页格式同总分类账的格式基本相同，它只设“借方”“贷方”和“余额”三个金额栏。其适用于“应收账款”“应付账款”等只需进行金额核算的明细分类账。

三栏式明细分类账如图2-228所示。

数量金额式明细分类账的账页，其基本结构为“收入”“发出”和“结存”三栏，在这些栏

明细分类账

总第 × 页 分第 × 页

2021 年 度

一 级科目及编号 应付账款

二 级科目及编号 佳多木材厂

2021年 月	日	凭证号数 种类	号数	摘要	对方科目	借方（亿千百十万千百十元角分）	√	贷方（亿千百十万千百十元角分）	√	借或贷	余额（亿千百十万千百十元角分）	√
11	1			期初余额						贷	11300000	
11	5	记	1	偿还货款		11300000				平	0	

图 2-228 三栏式明细分类账

内再分别设有“数量”“单价”“金额”等项目，以分别登记实物的数量和金额。这种格式的明细账适用于既要进行金额明细核算，又要进行数量明细核算的财产物资项目。如“原材料”“库存商品”等账户的明细核算。它能提供各种财产物资收入、发出、结存等的数量和金额资料，便于开展业务和加强管理的需要。

数量金额式明细分类账如图 2-229 所示。

最高储存量 ______

最低储存量 ______

原材料 明细分类账

本账页数	×
本户页数	×

编号 ______ 规格 ______ 单位 张 名称 杉木指接板

2021年 月	日	凭证 种类	号数	摘要	收入（借方）数量	单价	金额（百十万千百十元角分）	发出（贷方）数量	单价	金额（百十万千百十元角分）	借或贷	余额（结存）数量	单价	金额（百十万千百十元角分）
11	1			期初结存							借	200	160.00	3200000
11	10	记	3	购入原材料	300	160.00	4800000				借	500	160.00	8000000

图 2-229 数量金额式明细分类账

多栏式明细分类账的格式视管理需要而呈多种多样。它在一张账页上，按照明细科目分设若干专栏，集中反映有关明细项目的核算资料。这种格式的明细账适用于费用成本、收入成果类的明细核算。如制造费用、管理费用、生产成本的明细账，只设一栏借方，下按照需要设置专栏进行分析，贷方发生额用红字在有关专栏内登记。

多栏式明细分类账如图 2-230 所示，生产成本明细分类账如图 2-231 所示。

科目名称 制造费用

总页	X
分页	X

2021年 月	日	凭证 字	号	摘要	借方金额分析 差旅费	办公费	折旧费	工资	业务招待费	其他	合计
11	15	记	6	报销差旅费	150000						150000

图 2-230 多栏式明细分类账

产品名称：桌椅

规格型号：

计量单位：套

生产成本明细账

总页	×
分页	×

2021年 月	日	凭证 字	号	摘要	借方发生额	明细项目 直接材料	直接人工	制造费用			
11	30	记	30	材料费用分配表	7985500	7985500					
11	30	记	31	工资费用汇总表	1530000		1530000				
11	30	记	32	福利费用计提表	410805		410805				
11	30	记	33	制造费用分配表	936000			936000			
11	30			本月合计	10862305	7985500	1940805	936000			
11	30	记	34	结转完工产品成本	10862305	7985500	1940805	936000			

图 2-231 生产成本明细分类账

任务五 错账更正

尽管我们在填制记账凭证、登记账簿之前对原始凭证、记账凭证进行过数次复核，但由于各种原因，账簿登记有时仍会出现错误。

错账更正的方法有：划线更正法、红字冲销法、补充登记法（企业实现会计电算化以后，错账更正方法只有红字冲销法）。

根据本任务的实例和训练提示，选择错账更正的正确方法，进行错账更正的训练，并把这些方法应用到综合训练的账簿登记训练中。

实例 4-5-1 根据记账凭证登账时，把 58 350 元误登为 53 850 元。（采用划线更正法）

更正时，会计人员不能只将"38"划一红线注销，写上"83"，而是必须整个数字一起更正，如图 2-232 所示。

		十	万	千	百	十	元	角	分
上：更改后的记录 下：原错误的记录			5	8	3	5	0	0	0
	吕凤		~~5~~	~~3~~	~~8~~	~~5~~	~~0~~	~~0~~	~~0~~

图 2-232 更正记录

实例 4-5-2 根据记账凭证登账时，只是写错字，把"应收账款"的"收"字错误写成"付"字（采用划线更正法）。

更正时，会计人员可以只更正个别错字，把"付"字更正成"收"字，如图 2-233 所示。

	对方科目		十	万	千	百	十	元	角	分
上：更改后的记录 **下：原错误的记录**	收 应~~付~~账款 吕凤			5	8	3	5	0	0	0

图 2-233 更正记录

实例 4-5-3 单位负责人张胜利报销差旅费 2 000 元（采用红字冲销法——第一种情况）。

（1）根据有关原始凭证，填制记账凭证，并据此记账凭证入账。原记账凭证如图 2-234 所示。

记　账　凭　证

2021 年　11 月　19 日　　　　　　记　字第 20 号

摘要	会计科目		借方金额											贷方金额											记账
	总账科目	明细科目	万	千	百	十	万	千	百	十	元	角	分	万	千	百	十	万	千	百	十	元	角	分	✓
报销差旅费	制造费用							2	0	0	0	0	0												✓
	其他应收款	张胜利																	2	0	0	0	0		✓
附件 1 张	合	计					¥	2	0	0	0	0	0					¥	2	0	0	0	0	0	

会计主管　丁一　　　记账　吕风　　　出纳　　　审核　丁一　　　制证　吕风

图 2-234　记账凭证

（2）核查发现上述记录有错误，正确的处理借方应记入“管理费用”账户，贷方记入“其他应收款”账户，原记账凭证将借方账户用错，并已经过账。

更正步骤一：用红字填制一张与原记账凭证内容相同的记账凭证如图 2-235 所示。

记　账　凭　证

2021 年　11 月　30 日　　　　　　记 字第　35 号

摘要	会计科目		借方金额											贷方金额											记账
	总账科目	明细科目	万	千	百	十	万	千	百	十	元	角	分	万	千	百	十	万	千	百	十	元	角	分	✓
注销记字第 20 号凭证	制造费用							2	0	0	0	0	0												✓
	其他应收款	张胜利																	2	0	0	0	0	0	✓
附件 0 张	合	计					¥	2	0	0	0	0	0					¥	2	0	0	0	0	0	

会计主管　丁一　　　记账　吕风　　　出纳　　　审核　丁一　　　制证　吕风

图 2-235　记账凭证

更正步骤二：根据以上凭证登记入账，将原错误记录冲销（登账过程省略）。

更正步骤三：用黑字填制一张内容正确的记账凭证如图 2-236 所示。

更正步骤四：根据以上凭证登记入账，将原错误记录更正（登账过程省略）。

实例 4-5-4　收到红帆公司偿还的货款 13 560 元（采用红字冲销法——第二种情况）。

（1）根据有关原始凭证，填制记账凭证如图 2-237 所示，并据此登记入账。

（2）经过核对，发现原记账凭证记录中误将 13 560 元记为 13 650 元，并已登记入相关账户，造成账簿登记也出现错误。所记金额 13 650 元大于应记金额 13 560 元，多记 90 元。

更正步骤一：按多记金额 90 元，用红字填制一张记账凭证，其中使用的会计科目、应借、应贷方向与原记账凭证相同，并在“摘要”栏写明“注销记字第 23 号多记金额”，如图 2-238所示。

记　账　凭　证

2021 年 11 月 30 日　　　　记 字第 36 号

摘要	会计科目		借方金额											贷方金额											记账
	总账科目	明细科目	万	千	百	十	万	千	百	十	元	角	分	万	千	百	十	万	千	百	十	元	角	分	√
报销差旅费	管理费用							2	0	0	0	0	0												√
	其他应收款	张胜利																	2	0	0	0	0	0	√
附件 0 张	合　计						¥	2	0	0	0	0	0					¥	2	0	0	0	0	0	

会计主管 丁一　记账 吕凤　出纳　审核 丁一　制证 吕凤

图 2-236　记账凭证

记　账　凭　证

2021 年 11 月 22 日　　　　记 字第 23 号

摘要	会计科目		借方金额											贷方金额											记账
	总账科目	明细科目	万	千	百	十	万	千	百	十	元	角	分	万	千	百	十	万	千	百	十	元	角	分	√
收到货款	银行存款						1	3	6	5	0	0	0												√
	应收账款	红帆公司																1	3	6	5	0	0	0	√
附件 1 张	合　计					¥	1	3	6	5	0	0	0				¥	1	3	6	5	0	0	0	

会计主管 丁一　记账 吕凤　出纳 王宁　审核 丁一　制证 吕凤

图 2-237　记账凭证

记　账　凭　证

2021 年 11 月 30 日　　　　记 字第 37 号

摘要	会计科目		借方金额											贷方金额											记账
	总账科目	明细科目	万	千	百	十	万	千	百	十	元	角	分	万	千	百	十	万	千	百	十	元	角	分	√
冲销记字第 23 号多记金额	银行存款									9	0	0	0												√
	应收账款	红帆公司																			9	0	0	0	√
附件 0 张	合　计								¥	9	0	0	0							¥	9	0	0	0	

会计主管 丁一　记账 吕凤　出纳 王宁　审核 丁一　制证 吕凤

图 2-238　记账凭证

更正步骤二：据此红字凭证登记入账，在账簿的“摘要”栏写明“冲销 11 月 22 日账上多记金额”，将原记录中多记金额冲销(登账过程省略)。

实例 4-5-5 车间主任覃胜预借差旅费 2 500 元，用现金付讫(采用补充登记法)。

(1) 根据有关原始凭证，填制记账凭证如图 2-239 所示，并已据以登记入账。

记 账 凭 证

2021 年 11 月 26 日 记 字第 27 号

摘要	会计科目		借方金额											贷方金额											记账
	总账科目	明细科目	万	千	百	十	万	千	百	十	元	角	分	万	千	百	十	万	千	百	十	元	角	分	√
预借差旅费	其他应收款	覃胜						1	5	0	0	0	0												√
	库存现金																		1	5	0	0	0	0	√
附件 1 张	合	计					¥	1	5	0	0	0	0					¥	1	5	0	0	0	0	

会计主管 丁一 记账 吕凤 出纳 王宁 审核 丁一 制证 吕凤

图 2-239 记账凭证

(2) 核对时，发现原记账凭证记录中误将 2 500 元写为 1 500 元，少记 1 000 元，并已记入相应账户中。

更正步骤一：按照少记金额 1 000 元，填制一张记账凭证，其中使用的会计科目、应借、应贷方向与原记账凭证相同，在凭证“摘要”栏写明“补充记字第 27 号少记金额”，如图 2-240 所示。

记 账 凭 证

2021 年 11 月 30 日 记 字第 38 号

摘要	会计科目		借方金额											贷方金额											记账
	总账科目	明细科目	万	千	百	十	万	千	百	十	元	角	分	万	千	百	十	万	千	百	十	元	角	分	√
补充记字第 27 号少记金额	其他应收款	覃胜						1	0	0	0	0	0												√
	库存现金																		1	0	0	0	0	0	√
附件 0 张	合	计					¥	1	0	0	0	0	0					¥	1	0	0	0	0	0	

会计主管 丁一 记账 吕凤 出纳 王宁 审核 丁一 制证 吕凤

图 2-240 记账凭证

更正步骤二：根据此凭证登记入账，在账簿对应账户的“摘要”栏写明“补充 11 月 26 日少记金额”(登账过程省略)。

训练提示：

1. 划线更正法

（1）适用情况：在结账前，发现记账凭证填制无误而账簿记录出现笔误或计算错误，造成账上文字或数字错误。

（2）具体做法：先在错误的文字或全部数字正中划一条红线，表示注销错误内容，但应保持原始记录文字或数字内容清晰易于辨认；然后将正确的文字或数字用蓝色(或黑色)笔书写在被注销文字或数字上端的空白处，并由记账人员在更正处签章。

2. 红字冲销法

红字冲销法又称为红字更正法、赤字冲销法。

（1）适用情况：一是在记账后，核对发现由于原记账凭证上会计科目名称写错或应借应贷的方向记错，而造成账簿登记错误；二是在记账或结账以后，在核对时发现原记账凭证上所记载的金额大于经济业务的实际金额，造成账簿登记金额错误。

（2）第一种情况的具体做法：首先用红字填制一张与原错误的记账凭证内容完全相同的记账凭证，在凭证的“摘要”栏写明“注销×月×日×字×号凭证”字样，并据此凭证用红字登记入账；其次在账簿的“摘要”栏写明“冲销×月×日错账”，“凭证”栏写上红色凭证的字、号，将原有错误记录冲销；再次用蓝字重新填制一张内容正确的记账凭证，在“摘要”栏写明“订正×月×日×字×号凭证”字样；最后据此记账凭证登记入账，在账簿的“凭证”栏写入该蓝字凭证的字、号，在“摘要”栏写明“更正×月×日错账”，完成正确内容的记载。

第二种情况的具体做法：首先，按多记金额用红字填制一张记账凭证，其中使用的会计科目、应借、应贷方向与原记账凭证相同；其次并在“摘要”栏写明“冲销×月×日×字×号凭证多记金额”，并据此以红字金额登记入账，在账簿的“摘要”栏写明“冲销×月×日账上多记金额”，将原来记录中多记的金额冲销。

3. 补充登记法

（1）适用情况：在记账或结账以后，经核对发现记账凭证中使用的会计科目、应借、应贷方向没有错误，只是所记金额小于应记金额，并已经据此凭证登记入账，造成账簿记录错误。

（2）具体做法：填写一张与原记账凭证中的会计科目、应借、应贷方向完全相同的记账凭证，在“摘要”栏写明“补充×月×日×字×号凭证少记金额”，并据此凭证登记入账，在相应账户的“摘要”栏写明“补充×月×日少记金额”。

训练资料：立信办公家具有限公司 2021 年 11 月末核对账目，发现下列问题：

1. 18 日，开出转账支票一张，支付佳多木材厂货款 113 000 元。

（1）原记账凭证填制如图 2-241 所示。

（2）根据以上记账凭证登记入账，其中“银行存款”账户贷方登记为 116 000 元。

分析错误：

更正方法：

更正过程：

记 账 凭 证

2021 年 11 月 18 日　　　　记 字第 15 号

摘要	会计科目		借方金额											贷方金额											记账
	总账科目	明细科目	万	千	百	十	万	千	百	十	元	角	分	万	千	百	十	万	千	百	十	元	角	分	√
支付货款	应付账款	佳多木材厂				1	1	3	0	0	0	0	0												√
	银行存款																1	1	3	0	0	0	0	0	√
附件 1 张	合	计			¥	1	1	3	0	0	0	0	0			¥	1	1	3	0	0	0	0	0	

会计主管 丁一　记账 吕凤　出纳 王宁　审核 丁一　制证 吕凤

图 2-241　记账凭证

2. 19 日，财务部门报销差旅费 300 元，以现金付讫。

（1）原记账凭证填制如图 2-242 所示。

记 账 凭 证

2021 年 11 月 19 日　　　　记 字第 16 号

摘要	会计科目		借方金额											贷方金额											记账
	总账科目	明细科目	万	千	百	十	万	千	百	十	元	角	分	万	千	百	十	万	千	百	十	元	角	分	√
报销差旅费	制造费用							1	8	0	0	0	0												√
	其他应收款	吕凤																	1	8	0	0	0	0	√
附件 1 张	合	计					¥	1	8	0	0	0	0					¥	1	8	0	0	0	0	

会计主管 丁一　记账 吕凤　出纳 王宁　审核 丁一　制证 吕凤

图 2-242　记账凭证

（2）根据以上记账凭证登记入账。

分析错误：

更正方法：

更正步骤一（完成图 2-243）：

更正步骤二：

更正步骤三（完成图 2-244）：

更正步骤四：

3. 19 日，从银行借入为期 3 个月的借款 60 000 元。

（1）原记账凭证填制如图 2-245 所示。

（2）根据以上记账凭证登记入账。

记　账　凭　证

年　月　日　　　　记　字第　号

摘要	会计科目		借方金额											贷方金额											记账√
	总账科目	明细科目	万	千	百	十	万	千	百	十	元	角	分	万	千	百	十	万	千	百	十	元	角	分	
附件　张	合　计																								

会计主管　　记账　　出纳　　审核　　制证

图 2-243　记账凭证

记　账　凭　证

年　月　日　　　　记　字第　号

摘要	会计科目		借方金额											贷方金额											记账√
	总账科目	明细科目	万	千	百	十	万	千	百	十	元	角	分	万	千	百	十	万	千	百	十	元	角	分	
附件　张	合　计																								

会计主管　　记账　　出纳　　审核　　制证

图 2-244　记账凭证

记　账　凭　证

2021 年 11 月 19 日　　　　记　字第 17 号

摘要	会计科目		借方金额											贷方金额											记账√
	总账科目	明细科目	万	千	百	十	万	千	百	十	元	角	分	万	千	百	十	万	千	百	十	元	角	分	
取得短期借款	银行存款					6	0	0	0	0	0	0	0												√
	短期借款																6	0	0	0	0	0	0	0	√
附件 1 张	合　计				¥	6	0	0	0	0	0	0	0			¥	6	0	0	0	0	0	0	0	

会计主管 丁一　　记账 吕凤　　出纳 王宁　　审核 丁一　　制证 吕凤

图 2-245　记账凭证

分析错误：

更正方法：

更正步骤一（完成图 2-246）：

更正步骤二：

记　账　凭　证

年　月　日　　　　记　字第　号

摘要	会计科目		借方金额											贷方金额											记账
	总账科目	明细科目	万	千	百	十	万	千	百	十	元	角	分	万	千	百	十	万	千	百	十	元	角	分	√
附件　张	合	计																							

会计主管　　记账　　出纳　　审核　　制证

图 2-246　记账凭证

4. 19 日，开出现金支票一张，提取现金 15 300 元备用。

（1）原记账凭证填制如图 2-247 所示。

（2）根据以上记账凭证登记入账。

记　账　凭　证

2021 年 11 月 19 日　　　　记　字第 18 号

摘要	会计科目		借方金额											贷方金额											记账
	总账科目	明细科目	万	千	百	十	万	千	百	十	元	角	分	万	千	百	十	万	千	百	十	元	角	分	√
提现备用	库存现金						1	3	5	0	0	0	0												√
	银行存款																	1	3	5	0	0	0	0	√
附件 1 张	合	计				¥	1	3	5	0	0	0	0				¥	1	3	5	0	0	0	0	

会计主管　丁一　　记账　吕凤　　出纳　王宁　　审核　丁一　　制证　吕凤

图 2-247　记账凭证

分析错误：

更正方法：

更正步骤一（完成图 2-248）：

更正步骤二：

记　账　凭　证

年　月　日　　　　记　字第　号

摘要	会计科目		借方金额											贷方金额											记账√
	总账科目	明细科目	万	千	百	十	万	千	百	十	元	角	分	万	千	百	十	万	千	百	十	元	角	分	
附件　张	合	计																							

会计主管　　记账　　出纳　　审核　　制证

图 2-248　记账凭证

任务六　对　账

对账就是核对账目，是指在会计核算中，为保证账簿记录正确可靠，对账簿中的有关数据进行检查和核对的工作。

会计人员应当坚持对账制度，通过对账工作，检查账簿记录内容是否完整，有无错记或漏记，定期将会计账簿记录的有关数字与库存实物、货币资金、有价证券往来单位或个人等进行相互核对，保证账证相符、账账相符、账实相符，对账工作每年至少进行一次。

根据本任务的训练提示，请同学们完成综合训练的账证核对、账账核对训练。

训练提示：

1. 对账的主要内容

（1）账证核对，是根据各种账簿记录与记账凭证及其所附的原始凭证进行核对，核对会计账簿记录与原始凭证、记账凭证的时间、凭证字号、内容、金额是否一致，记账方向是否相符。

（2）账账核对，是指对各种账簿之间的有关数字进行核对。核对不同会计账簿记录是否相符。包括：总账有关账户的余额核对，总账与明细账核对，总账与日记账核对，会计部门的财产物资明细账与财产物资保管和使用部门的有关明细账核对等。

（3）账实核对，是指各种财产物资的账面余额与实存数额相互核对。核对会计账簿记录与财产等实有数额是否相符。包括：现金日记账账面余额与现金实际库存数核对，银行存款日记账账面余额与银行对账单核对，各种财物明细账账面余额与财物实存数额核对，各种应收、应付款明细账账面余额与有关债务、债权单位或者个人核对等。

通过上述对账工作，做到账证相符、账账相符和账实相符，使会计核算资料真实、正确、可靠。

2. 标记对账符号

对账后，应在对应记账凭证和账簿的相关账户金额后面画有"√"的一栏，对已经对账的标记“√”。

任务七　编制试算平衡表

试算平衡是指在借贷记账法下，利用借贷发生额和期末余额(期初余额)的平衡原理，检查账户记录是否正确的一种方法。试算平衡表是指某一时点上的各种账户及其余额的列表。各个账户的余额都会反映在试算平衡表相应的借方或贷方栏中。试算平衡表是定期地加计分类账各账户的借贷方发生及余额的合计数，用以检查借贷方是否平衡及账户记录有无错误的一种表式，现实工作中也可用科目汇总表替代。

试算平衡表可以分为两种，一种是将本期发生额和期末余额分别编制列表，如图 2-249、图 2-250 所示；另一种是将本期发生额和期末余额合并在一张表上进行试算平衡，如图 2-251所示。

试 算 平 衡 表

单位名称:　　　　　　年　月　日　　　　单位：元

账户名称	借方余额	账户名称	贷方余额
合计		合计	

图 2-249　试算平衡表(一)

试 算 平 衡 表

单位名称:　　　　　　年　月　日　　　　单位：元

账户名称	借方发生额	账户名称	贷方发生额
合计		合计	

图 2-250　试算平衡表(二)

试 算 平 衡 表

单位名称：　　　　　　年　月　日　　　　单位：元

账户名称	期初余额		本期发生额		期末余额	
	借方	贷方	借方	贷方	借方	贷方
合计						

图 2-251　试算平衡表(三)

实例 4-7 根据立信办公家具有限公司 2021 年 11 月 30 日有关账户及余额表(表 2-12)，编制试算平衡表，具体如表 2-13 所示。

表 2-12 账户及余额表

单位：元

账户名称	期末余额	账户名称	期末余额
库存现金	18 898.00	短期借款	60 000.00
银行存款	951 561.90	应付账款	234 000.00
应收票据	23 400.00	——佳多木材厂	234 000.00
——阳光办公家具有限公司	23 400.00	——红太阳有限责任公司	
——多禾计算机培训学校		应交税费	146 951.39
应收账款	117 000.00	——未交增值税	131 206.60
——阳光办公家具有限公司	117 000.00	——应交城市维护建设税	9 184.46
——甲丁木材加工厂		——应交教育费附加	3 936.20
——红太阳有限责任公司		——应交地方教育费附加	2 624.13
其他应收款	1 500.00	——应交增值税	
——林同	1 500.00	——应交所得税	
——王业		应付职工薪酬	61 000.00
——李欢		——工资	61 400.00
原材料	544 800.00	——职工福利	-400.00
——杉木指接板 2 485 张	397 600.00	实收资本	1 000 000.00
——密度板 3 620 张	144 800.00	——张胜利	600 000.00
——油漆 10 桶	1 800.00	——张灵芳	400 000.00
——辅助材料	600.00	盈余公积	230 000.00
库存商品	138 453.15	——法定盈余公积	230 000.00
——办公桌椅@ 841.15	(150 套)126 172.50	利润分配	146 000.00
——实木沙发@ 2456.13	(5 套)12 280.65	——未分配利润	146 000.00
周转材料	97 080.00	本年利润	509 601.66
——木工曲线锯 ——其他	(8 把)1 264.00 95 816.00	累计折旧	226 140.00
固定资产	721 000.00	——生产用房屋及建筑物	69 120.00
——生产用房屋及建筑物	240 000.00	——生产用设备	16 800.00
——生产用设备	80 000.00	——非生产用房屋建筑物	25 920.00
——非生产用房屋建筑物	90 000.00	——车间办公电脑	6 480.00
——车间办公电脑	9 000.00	——行政办公电脑	8 640.00
——行政办公电脑	12 000.00	——汽车	99 180.00
——汽车	290 000.00		
待处理财产损溢			
——待处理流动资产损溢			
合　　计	2 613 693.05	合　　计	2 613 693.05

表 2-13 试算平衡表

单位名称：立信办公家具有限公司　　2021 年 11 月 30 日　　单位：元

账户名称	借方余额	账户名称	贷方余额
库存现金	18 898.00	短期借款	60 000.00
银行存款	951 561.90	应付账款	234 000.00
应收票据	23 400.00	应交税费	146 951.39
应收账款	117 000.00	应付职工薪酬	61 000.00
其他应收款	1 500.00	实收资本	1 000 000.00
原材料	544 800.00	盈余公积	230 000.00
库存商品	138 453.15	利润分配	146 000.00
周转材料	97 080.00	本年利润	509 601.66
固定资产	721 000.00	累计折旧	226 140.00
合　计	2 613 693.05	合　计	2 613 693.05

活动一：编制立信办公家具有限公司 2021 年 12 月发生额试算平衡表，如表 2-14 所示（数据见模块三综合技能训练）。

表 2-14 试算平衡表

单位名称：　　年　月　日　　单位：元

账户名称	借方发生额	账户名称	贷方发生额

续表

账户名称	借方发生额	账户名称	贷方发生额

活动二：编制立信办公家具有限公司2021年12月期末余额试算平衡表(完成表2-15)。

表2-15　试算平衡表

单位名称：　　　　　　　　　　年　月　日　　　　　　　　　　单位：元

账户名称	借方发生额	账户名称	贷方发生额

活动三：编制立信办公家具有限公司2021年12月试算平衡表(完成表2-16)。

表2-16 试算平衡表

单位名称：　　　　　　　　　　年　月　日　　　　　　　　　　单位：元

账户名称	期初余额		本期发生额		期末余额	
	借方	贷方	借方	贷方	借方	贷方

续表

账户名称	期初余额		本期发生额		期末余额	
	借方	贷方	借方	贷方	借方	贷方

训练提示：

1. 编制步骤

（1）期末把全部账户应记录的经济业务登记入账，并计算出各账户本期借方发生额、贷方发生额和期末余额。

（2）根据总分类账户的本期发生额及余额，填制试算平衡表。

2. 编制的基本公式

（1）全部账户的借方期初余额合计数等于全部账户的贷方期初余额合计数；

（2）全部账户的借方发生额合计等于全部账户的贷方发生额合计；

（3）全部账户的借方期末余额合计等于全部账户的贷方期末余额合计。

3. 特别注意

通过试算平衡表来检查账簿记录是否正确并不是绝对的，从某种意义上讲，如果借贷不平衡，就可以肯定账户的记录或者是计算有错误，但是如果借贷平衡，我们也不能肯定账户记录没有错误，因为有些错误并不影响借贷双方的平衡关系，我们就不一定能通过试算平衡发现错误。

这些错误包括：

（1）借贷双方发生同等金额的错误；

（2）相关账户中全部重记或漏记同一项经济业务；

（3）账户记录发生借贷方向错误；

（4）用错有关账户名称。

任务八　结账与更换账簿

结账是指在把一定时期内发生的全部经济业务登记入账的基础上，计算并记录本期发生额和期末余额后，将余额结转下期或新的账簿的会计行为。

结账的方法有月度结账(月结)、季度结账(季结)、年度结账(年结)。

根据本任务训练提示和实例，完成任务二、三、四中已经登记的各账户的结账训练和综合训练的结账。

实例 4-8　以银行存款日记账为例，结账的方法、格式如图 2-252、图 2-253 所示。

开户银行：工行临江市经济技术开发区和平路支行　　**银行行存款日记账**　　银行账号：1102027654321234567

2021年 月	日	凭证编号	摘要	银行凭证 种类	号码	对方科目	借方（亿千百十万千百十元角分）	贷方（亿千百十万千百十元角分）	借或贷	余额（亿千百十万千百十元角分）	V
12	1		期初余额						借	95156190	
			略								
12	31		本月合计				15000000	12000000	借	98156190	
			本季合计				27000000	42000000	借	98156190	
			本年累计				96000000	101000000	借	98156190	
			结转下年								

图 2-252　银行存款日记账

开户银行：工行临江市经济技术开发区和平路支行　　**银行行存款日记账**　　银行账号：1102027654321234567

2022年 月	日	凭证编号	摘要	银行凭证 种类	号码	对方科目	借方（亿千百十万千百十元角分）	贷方（亿千百十万千百十元角分）	借或贷	余额（亿千百十万千百十元角分）	V
1	1		上年结转						借	98156190	

图 2-253　银行存款日记账

训练提示：

1. 月结

月度结账，即在每月终了时进行的结账。方法是：先在该月最后一笔经济业务下面划一条通栏单红线，在红线下“摘要”栏内注明“本月合计”或“本月发生额及余额”字样，在“借方”栏、“贷方”栏或“余额”栏分别计算填入本月合计数和月末余额，同时在“借或贷”栏内注明借贷方向。然后，在这一行下面再划一条通栏单红线，以便与下月发生额划清。

2. 季结

季度结账是指在每季度终了时进行的结账。通常先在每季度的最后一个月月结的下一行，在“摘要”栏内注明“本季累计”或“本季度发生额及余额”，同时结出借、贷方发生总额及季末余额；然后在这一行下面划一条通栏单红线，表示季结的结束。

3. 年结

年度结账是指每年末进行的结账。

(1) 在第四季度季结的下一行，在“摘要”栏注明“本年累计”或“本年发生额及余额”，同时结出借、贷方发生额及年末余额，然后在这一行下面划上通栏双红线，以示封账。

(2) 有余额的账户，要将其余额结转到下一会计年度，并在“摘要”栏内注明“结转下年”字样(金额不再抄写)；在下一会计年度新建有关会计账簿的第一行余额栏内填写上年结转的余额，并在“摘要”栏内注明“上年结转”字样。结转下年时，既不需要编制记账凭证，也不必将余额再记入本年账户的借方或贷方，使本年有余额的账户的余额变为零，而是使有余额的账户的余额如实反映在账户中，以免混淆有余额账户和无余额账户的区别。

如果次年度会计科目名称有变化，还应在“摘要”栏中注明“结转下年×××新账户”。

(3) 如果账页的“结转下年”行以下还有空行，会计人员应当自“余额”栏的右上角至日期栏的左下角用红笔划对角斜线注销，在下一会计年度新建有关会计账簿的第一行“余额”栏内填写上年结转的余额，日期填写 1 月 1 日，并在“摘要”栏注明“上年结转”字样。

4. 更换账簿

对于新的会计年度建账，总账、日记账和多数明细账应每年更换一次。但有些财产物资明细账和债权债务明细账，由于材料品种、规格和往来单位较多，更换新账，重抄一遍工作量较大，可以跨年度使用，不必每年更换一次。各种备查账簿也可以连续使用。

项目五　会计报表技能训练

实训准备：小企业资产负债表和利润表、黑色财会专用笔或钢笔、计算器。

实训目标：

- 认识小企业资产负债表和利润表各项目的含义及范围；
- 知道小企业资产负债表和利润表各项目的填列要求及方法；
- 会编制小企业的资产负债表和利润表。

任务一　编制资产负债表

实训要求：根据训练提示和立信办公家具有限公司账户余额表，选择合理方法计算资产负债表各项目金额。

活动一：根据立信办公家具有限公司 2021 年 10 月 31 日部分账户余额表(表 2-17)，计算资产负债表上“货币资金”“应收账款”“应付账款”“预收账款”“预付账款”“存货”“未分配利润”等项目应填列的金额。

表 2-17　立信办公家具有限公司 2021 年 10 月 31 日部分账户余额表

账户名称	期末余额及方向	账户名称	期末余额及方向
库存现金	18 000.00(借方)	原材料	150 000.00(借方)
银行存款	900 000.00(借方)	在途物资	100 000.00(借方)
其他货币资金	50 000.00(借方)	库存商品	192 791.30(借方)
应收账款 ——阳光办公家具有限公司 ——凯旋公司	200 500.00(借方) 117 000.00(借方) 835 000.00(贷方)	周转材料	97 080.00(借方)
预付账款 ——红星工厂 ——美而思	198 000.00(借方) 243 000.00(借方) 45 000.00(贷方)	应付账款 ——佳多木材厂 ——新力布艺	434 000.00(贷方) 400 000.00(贷方) 34 000.00(借方)
		本年利润	370 000.00(贷方)
		利润分配	146 000.00(贷方)

活动二：2021 年 12 月 31 日，重庆凯林齿轮厂“长期借款”总账余额 400 000 元，其中一年内到期的有 150 000 元。了解本厂的长期借款如何在资产负债表中列示。

活动三：根据立信办公家具有限公司 2021 年 11 月 30 日有关账户期末余额表(表 2-18)，正确编制其 2021 年 11 月的资产负债表(只填列“期末余额”列)(完成表 2-19)。

表 2-18　立信办公家具有限公司 2021 年 11 月 30 日账户期末余额表

账户名称	期末余额	账户名称	期末余额
库存现金	18 898.00	短期借款	60 000.00
银行存款	951 561.90	应付账款	234 000.00
应收票据	23 400.00	——佳多木材厂	234 000.00
——阳光办公家具有限公司	23 400.00	应交税费	146 951.39
应收账款	117 000.00	——未交增值税	131 206.60
——阳光办公家具有限公司	117 000.00	——应交城市维护建设税	9 184.46
其他应收款	1 500.00	——应交教育费附加	3 936.20
——林同	1 500.00	——应交地方教育费附加	2 624.13
原材料	544 800.00	应付职工薪酬	61 000.00
——杉木指接板 2 485 张	397 600.00	——工资	61 400.00
——密度板 3 620 张	144 800.00	——职工福利	—400.00
——油漆 10 桶	1 800.00	实收资本	1 000 000.00
——辅助材料	600.00	——张胜利	600 000.00
库存商品	138 453.15	——张灵芳	400 000.00
——办公桌椅@841.15	(150 套)126 172.50	盈余公积	230 000.00
——实木沙发@2456.13	(5 套)12 280.65	——法定盈余公积	230 000.00
周转材料	97 080.00	利润分配	146 000.00
——木工曲线锯	(8 把)1 264.00	——未分配利润	146 000.00
——其他	95 816.00	本年利润	509 601.66
固定资产	721 000.00	累计折旧	226 140.00
——生产用房屋及建筑物	240 000.00	——生产用房屋及建筑物	69 120.00
——生产用设备	80 000.00	——生产用设备	16 800.00
——非生产用房屋建筑物	90 000.00	——非生产用房屋建筑物	25 920.00
——车间办公电脑	9 000.00	——车间办公电脑	6 480.00
——行政办公电脑	12 000.00	——行政办公电脑	8 640.00
——汽车	290 000.00	——汽车	99 180.00
合　　计	2 613 693.05	合　　计	2 613 693.05

表 2-19　资产负债表

会小企 01 表

编制单位：　　　　　　　　　年　月　日　　　　　　　　单位：元

资　产	行次	期末余额	负债和所有者权益	行次	期末余额
流动资产：			流动负债：		
货币资金	1		短期借款	31	
短期投资	2		应付票据	32	
应收票据	3		应付账款	33	
应收账款	4		预收账款	34	
预付账款	5		应付职工薪酬	35	
应收股利	6		应交税费	36	
应收利息	7		应付利息	37	
其他应收款	8		应付利润	38	
存货	9		其他应付款	39	
其中：原材料	10		其他流动负债	40	
在产品	11		流动负债合计	41	
库存商品	12		非流动负债：		
周转材料	13		长期借款	42	
其他流动资产	14		长期应付款	43	
流动资产合计	15		递延收益	44	
非流动资产：			其他非流动负债	45	
长期债券投资	16		非流动负债合计	46	
长期股权投资	17		负债合计	47	
固定资产原价	18				
减：累计折旧	19				
固定资产账面价值	20				
在建工程	21				
工程物资	22				
固定资产清理	23				
生产性生物资产	24		所有者权益(或股东权益)：		
无形资产	25		实收资本(或股本)	48	
开发支出	26		资本公积	49	
长期待摊费用	27		盈余公积	50	
其他非流动资产	28		未分配利润	51	
非流动资产合计	29		所有者权益(或股东权益)合计	52	
资产总计	30		负债和所有者权益(或股东权益)总计	53	

制表：　　　　　　　　　　　　　审核：

训练提示：

资产负债表各项目均需填列“年初余额”和“期末余额”两栏。其中“年初余额”栏内各项数字，应根据上年末资产负债表的“期末余额”栏内所列数字填列。“期末余额”栏主要有以下几种填列方法：

（1）根据总账科目余额填列。“短期投资”“应收票据”“应收股利”“应收利息”“其他应收款”“其他流动资产”“长期债券投资”“长期债权投资”“固定资产原价”“累计折旧”“在建工程”“工程物资”“固定资产清理”“开发支出”“长期待摊费用”“短期借款”“应付票据”“应付职工薪酬”“应交税费”“应付利息”“应付利润”“其他应付款”“其他流动负债”“长期借款”“递延收益”“长期应付款”“其他非流动负债”“实收资本”“资本公积”“盈余公积”等项目。

其中一年内到期的“长期债券投资”“长期股权投资”“长期待摊费用”等列入“其他流动资产”，一年内到期的“长期借款”“递延收益”“长期应付款”等列入“其他流动负债”。

（2）根据几个总账科目的期末余额计算填列。“货币资金”项目，需根据“库存现金”“银行存款”“其他货币资金”三个总账科目的期末余额的合计数填列。

“利润分配”项目，应根据“本年利润”和“利润分配”总账余额计算填列。

（3）根据总账科目余额分析填列。“应收账款”项目，应根据“应收账款”账户借方余额填列；如“应收账款”科目期末为贷方余额，应当在“预收账款”项目列示。

“预收账款”项目，应根据“预收账款”账户期末贷方余额填列；如“预收账款”科目期末为借方余额，应当在“应收账款”项目列示。属于超过 1 年期以上的预收账款的贷方余额应当在“其他非流动负债”项目列示。

“应付账款”项目，应根据“应付账款”账户的期末贷方余额填列。如“应付账款”科目期末为借方余额，应当在“预付账款”项目列示。

“预付账款”项目，应根据“预付账款”账户的期末借方余额填列。如“预付账款”科目期末为贷方余额，应当在“应付账款”项目列示。属于超过 1 年期以上的预付账款的借方余额应当在“其他非流动资产”项目列示。

（4）根据有关科目余额减去其备抵科目余额后的净额填列。“生产性生物资产”“无形资产”项目，应根据相关科目的期末余额，减去相关“生产性生物资产累计折旧”“累计摊销”后的净额填列。

（5）综合运用上述填列方法分析填列。“存货”项目，应当根据“原材料”“库存商品”“发出商品”“周转材料”“委托加工物资”“材料采购”“在途物资”“生产成本”等科目的期末余额合计填列，材料采用计划成本核算，应减去或加上“材料成本差异”后的金额填列。

（6）根据有关项目的合计额填列。流动资产合计、非流动资产合计、资产总计、流动负债合计、非流动负债合计、负债合计、所有者权益合计、负债和所有者权益总计等项目，应根据表中的相关项目的合计额填列。

“固定资产账面价值”项目应根据“固定资产原价”项目金额减去“累计折旧”项目金额后的余额填列。

（7）不得填列金额的 5 个特殊项目。“流动资产：”项目、“非流动资产：”项目、“流动负债:”项目、“非流动负债:”项目和“所有者权益:”项目。

注意：在编制财务报表过程中，如果表中某项目所反映的交易或事项当期有发生，但余额为0，则该项目填“0”；如果某项目当期未发生有关交易或事项，则该项目空置不填。

任务二　编制利润表

实训要求：根据训练提示，选择合理方法计算利润表各项目金额。

活动：根据立信办公家具有限公司2021年损益类账户发生额表(表2-20)，正确编制立信办公家具有限公司2021年11月份的利润表(完成表2-21)。

表2-20　立信办公家具有限公司2021年损益类账户发生额表

账户名称	1—10月累计发生额	11月借方发生额	账户名称	1—10月累计发生额	11月贷方发生额
主营业务成本	4 456 459.00	670 000.00	主营业务收入	6 499 706.00	977 189.00
其他业务成本	14 200.00	4 000.00	其他业务收入	15 000.00	5 540.00
销售费用 其中：广告费 商品维修费	652 000.00 152 000.00 500 000.00	69 000.00 69 000.00			
管理费用 其中：业务招待费	512 496.93 132 000.00	20 000.00			
财务费用	85 820.00	3 000.00			
税金及附加 其中：城市维护建设税 教育费附加 地方教育费附加	115 964.00 67 641.80 28 991.00 19 331.20	17 493.00 10 203.67 4 373.25 2 916.08			
投资收益	100 000.00	60 000.00			
营业外支出	60 000.00	20 000.00			
所得税费用	127 400.41				

表2-21　利　润　表

会小企02表

编制单位：　　　　年　　月　　日　　　　单位：元

项　　目	行次	本年累计金额	本月金额
一、营业收入	1		
减：营业成本	2		
税金及附加	3		
其中：消费税	4		
城市维护建设税	5		
资源税	6		
土地增值税	7		

续表

项　　目	行次	本年累计金额	本月金额
城镇土地使用税、房产税、车船税、印花税	8		
教育费附加、矿产资源补偿费、排污费	9		
销售费用	10		
其中：商品维修费	11		
广告费及业务宣传费	12		
管理费用	13		
其中：开办费	14		
业务招待费	15		
研究费用	16		
财务费用	17		
其中：利息费用(收入以“-”号填列)	18		
加：投资收益(损失以“-”号填列)	19		
二、营业利润(亏损以“-”号填列)	20		
加：营业外收入	21		
其中：政府补助	22		
减：营业外支出	23		
其中：坏账损失	24		
无法收回的长期债券投资损失	25		
无法收回的长期股权投资损失	26		
自然灾害等不可抗力因素造成的损失	27		
税收滞纳金	28		
固定资产清理损失	29		
三、利润总额(亏损总额以“-”号填列)	30		
减：所得税费用	31		
四、净利润(净亏损以“-”号填列)	32		

制表：　　　　　　　　　　　　审核：

训练提示：

利润表各项目均需填列“本年累计金额”和“本月金额”两栏，其填列方法如下：

“本年累计金额”栏反映各项目自年初起至报告期末止的累计实际发生额。“本月金额”栏反映各项目的本月实际发生额。小企业在编制年度利润表时，应将“本月金额”栏改为“上年金额”栏，填列上年全年实际发生额。各项目填列金额计算方法如下：

(1)“营业收入”项目，反映小企业销售商品和提供劳务所实现的收入总额。本项目应根据“主营业务收入”科目和“其他业务收入”科目的发生额合计填列。

(2)“营业成本”项目，反映小企业所销售商品的成本和所提供劳务的成本。本项目应根据“主营业务成本”科目和“其他业务成本”科目的发生额合计填列。

（3）“税金及附加”项目，反映小企业开展日常生产活动应负担的消费税、城市维护建设税、资源税、土地增值税、城镇土地使用税、房产税、车船税、印花税和教育费附加、矿产资源补偿费、排污费等。本项目应根据“税金及附加”科目的发生额填列。

（4）“销售费用”项目，反映小企业销售商品或提供劳务过程中发生的费用。本项目根据“销售费用”科目的发生额填列。

（5）“管理费用”项目，反映小企业为组织和管理生产经营发生的其他费用。本项目根据“管理费用”科目的发生额填列。

（6）“财务费用”项目，反映小企业为筹集生产经营所需资金发生的筹资费用。本项目根据“财务费用”科目的发生额填列。

（7）“投资收益”项目，反映小企业股权投资取得的现金股利(或利润)、债券投资取得的利息收入和处置股权投资和债券投资取得的处置价款扣除成本或账面余额、相关税费后的净额。本项目根据“投资收益”科目的发生额填列；如为投资损失，以“-”号填列。

（8）“营业利润”项目，反映小企业当期开展日常生产经营活动实现的利润。本项目根据营业收入扣除营业成本、税金及附加、销售费用、管理费用和财务费用，加上投资收益后的金额填列。如为亏损，以“-”号填列。

（9）“营业外收入”项目，反映小企业实现的各项营业外收入金额。包括：非流动资产处置净收益、政府补助、捐赠收益、盘盈收益、汇兑收益、出租包装物和商品的租金收入、逾期未退包装物押金收益、确实无法偿付的应付款项、已作坏账损失处理后又收回的应收款项、违约金收益等。本项目根据“营业外收入”科目的发生额填列。

（10）“营业外支出”项目，反映小企业发生的各项营业外支出金额。其具体包括：存货的盘亏、毁损、报废损失，非流动资产处置净损失，坏账损失，无法收回的长期债券投资损失，无法收回的长期股权投资损失，自然灾害等不可抗力因素造成的损失，税收滞纳金，罚金，罚款，被没收财物的损失，捐赠支出，赞助支出等。本项目根据“营业外支出”科目的发生额填列。

（11）“利润总额”项目，反映小企业当期实现的利润总额。本项目应根据营业利润加上营业外收入减去营业外支出后的金额填列；如为亏损总额，以“-”号填列。

（12）“所得税费用”项目，反映小企业根据企业所得税法确定的、应从当期利润总额中扣除的所得税费用。本项目应根据“所得税费用”科目的发生额填列。

（13）“净利润”项目，反映小企业当期实现的净利润。本项目根据利润总额扣除所得税费用后的金额填列；如为净亏损，以“-”号填列。

模块三　综合技能训练

实训目标：

熟练掌握记账凭证账务处理程序，并能在实际工作中加以运用。

实训要求：

(1) 根据实训资料建账并正确选择账页格式。

(2) 对每笔经济业务或经济事项的原始凭证做出正确判断，对原始凭证进行审核。

(3) 根据原始凭证编制并审核记账凭证。

(4) 根据记账凭证登记总分类账，根据原始凭证和记账凭证登记现金日记账、银行存款日记账、明细分类账。

(5) 对账、错账更正、编制试算平衡表。

(6) 结账。

(7) 编制财务报表(只编资产负债表和利润表)。

(8) 会计凭证装订及所有会计资料整理归档。

实训准备：

档案袋，通用记账凭证、红色财会专用笔或钢笔、科目汇总表、黑色财会专用笔或钢笔、账户目录、回形针、三栏式账页、直尺、六栏(或七栏)式账页、计算器、十三栏(或十六栏)账页、私人印章、固定资产明细账、账夹(含账簿启用表)、数量金额式账页、凭证封皮与封底、应交增值税明细账、包角纸。

训练提示：

记账凭证账务处理程序流程：

(1) 根据审核无误的原始凭证填制并审核记账凭证。

(2) 根据记账凭证中的收款凭证、付款凭证逐笔登记现金日记账、银行存款日记账。

(3) 根据记账凭证直接逐笔登记总分类账。

(4) 根据记账凭证及所附的原始凭证，登记有关明细分类账。

(5) 定期对账。

(6) 期末，根据总分类账与有关明细分类账的资料编制财务会计报告。

实训资料：

(一) 立信办公家具有限公司资产与权益账户的设置以及 2021 年 11 月有关账户的期末余额，如表 3-1 所示。

表 3-1 11 月份账户及余额表

账户名称	期末余额	账户名称	期末余额
库存现金	18 898.00	短期借款	60 000.00
银行存款	951 561.90	应付账款	234 000.00
应收票据	23 400.00	——佳多木材厂	234 000.00
——阳光办公家具有限公司	23 400.00	——红太阳有限责任公司	
——多禾计算机培训学校		应交税费	146 951.39
应收账款	117 000.00	——未交增值税	131 206.60
——阳光办公家具有限公司	117 000.00	——应交城市维护建设税	9 184.46
——甲丁木材加工厂		——应交教育费附加	3 936.20
——红太阳有限责任公司		——应交地方教育费附加	2 624.13
其他应收款	1 500.00	——应交增值税	
——林同	1 500.00	——应交所得税	
——王业		应付职工薪酬	61200.00
——李欢		——工资	61 400.00
原材料	544 800.00	——职工福利	-200.00
——杉木指接板 2 485 张	397 600.00	实收资本	1 000 000.00
——密度板 3 620 张	144 800.00	——张胜利	600 000.00
——油漆 10 桶	1 800.00	——张灵芳	400 000.00
——辅助材料	600.00	盈余公积	230 000.00
库存商品	138 453.15	——法定盈余公积	230 000.00
——办公桌椅@841.15	(150 套)126 172.50	利润分配	148 908.90
——实木沙发@2 456.13	(5 套)12 280.65	——未分配利润	148 908.90
周转材料	97 080.00	本年利润	506 492.76
——木工曲线锯 ——其他	(8 把)1 264.00 95 816.00	累计折旧	226140.00
固定资产	721 000.00	——生产用房屋及建筑物	69 120.00
——生产用房屋及建筑物	240 000.00	——生产用设备	16 800.00
——生产用设备	80 000.00	——非生产用房屋建筑物	25 920.00
——非生产用房屋建筑物	90 000.00	——车间办公电脑	6 480.00
——车间办公电脑	9 000.00	——行政办公电脑	8 640.00
——行政办公电脑	12 000.00	——汽车	99 180.00
——汽车	290 000.00		
待处理财产损溢			
——待处理流动资产损溢			
合 计	2 613 693.05	合 计	2 613 693.05

（二）实训过程中，其他总分类账户及明细分类账户根据需要自行设定。

（三）立信办公家具有限公司 2021 年 12 月份发生如下业务：

（1）12 月 1 日，开出转账支票，偿还前欠佳多木材厂材料款 226 000 元，如图 3-1 所示。

（2）12 月 1 日，开出现金支票提取现金 10 000 元备用，如图 3-2 所示。

中国工商银行
转账支票存根
JL211201
20211201
附加信息

出票日期 2021 年 12 月 01 日

收款人：
佳多木材厂
金 额：¥226 000.00
用 途：偿还前欠货款

单位主管 丁一　　会计 吕凤

图 3-1　支票存根

中国工商银行
现金支票存根
JL211201
20211201
附加信息

出票日期 2021 年 12 月 01 日

收款人：
立信办公家具有限公司
金 额：¥10 000.00
用 途：提现备用

单位主管 丁一　　会计 吕凤

图 3-2　支票存根

（3）12 月 2 日，销售部门王业出差洽谈业务，预借差旅费 4 000 元，以现金支付，如图 3-3 所示。

借　款　单

2021 年 12 月 02 日

部门	销售部			借款人	王业
借款金额	金额（大写）肆仟元整				¥4 000.00
借款事由	预借差旅费				现金付讫
领导审批	同意。张胜利印	财务主管	丁一	借款人签字	覃胜

立信办公家具有限公司　财务专用章

图 3-3　借款单

（4）12 月 3 日，投资人张灵芳再次追加投资 200 000 元，款项存入银行。至此，张灵芳和张胜利的投资额比例相同。相关票据如图 3-4、图 3-5 所示。

（5）12 月 4 日，向工商银行借入 6 个月期流动资金借款 200 000 元，年利率 5.6%，到期一次还本付息，如图 3-6 所示。

收　　据

2021 年　12 月　3 日　　　　NO.20211203

交款单位　张灵芳　　　　收款方式　现金

人民币（大写）贰拾万元整　　　　（小写）¥200 000.00

收款事由　追加投资　现金收讫

2021 年 12 月 3 日

（第三联 记账联）

（印章：信办公家具有限公司 财务专用章）

财务主管 丁一　记账 吕凤　出纳 王宁　审核 丁一　经办 张灵芳　单位盖章

图 3-4　收据

中国工商银行现金缴款单（回单）

2021 年 12 月 03 日

客户填写栏	收款单位	全称	重庆立信办公家具有限公司	款项来源	张灵芳投资款
		账号	6217 2131 3333 8888 000	款项类别	现金，本行票据：张
	人民币（大写）	贰拾万元整			千百十万千百十元角分：¥ 2 0 0 0 0 0 0 0
银行记录	中国工商银行股份有限公司 和平路支行 2021.12.03 受理凭证专用章 收妥抵用				

图 3-5　现金缴款单

中国工商银行（短期借款）借款凭证（回单）④

2021 年 12 月 04 日　　　　银行编号：3040126

名　称		贷款单位	全　称	立信办公家具有限公司	
往来账户	1102027654321234567		放款账户	1102027654321234567	
开户银行	工商银行临江市和平路支行		开户银行	工行临江市和平路支行	
还款期限	6个月	利率	5.6%	起息日期	2021.12.04
申请金额	人民币（大写）贰拾万元整				千百十万千百十元角分：¥ 2 0 0 0 0 0 0 0
借款原因用途	周转贷款	银行核定金额			千百十万千百十元角分：¥ 2 0 0 0 0 0 0 0
备注：一次还本付息		期限	计划还款时间	计划还款金额	
		6 个月	2022.06.03	¥200 000.00	
		上述借款已同意贷给并转入你单位往来账户，借款到期时应按期归还　此致 借款单位 （银行盖章）　2021 年 12 月 04 日 （印章：中国工商银行临江市和平路支行 2021.12.04 转讫）			

图 3-6　借款凭证

（6）12 月 5 日，开出转账支票 6 360 元，支付临江欣怡广告有限公司广告费 6 000 元，增值税 360 元，相关票据如图 3-7 至图 3-9 所示。

中国工商银行
转账支票存根
JL211205
20211202
附加信息

出票日期 2021 年 12 月 05 日

收款人：临江欣怡广告有限公司
金 额：¥6 000.00
用 途：支付广告费

单位主管 丁一　　会计 吕风

图 3-7　支票存根

5000223130　　吉林省增值税专用发票　　No. 2150291205

（印章：全国统一发票监制章 吉林 国家税务总局监制）

抵 扣 联　　开票日期：2021. 12. 05

销售方	名　　称：立信办公家具有限公司 纳税人识别号：50078620789987666E 地 址、电 话：临江市经济技术开发区玉秀路 18 号 0439-55645443 开户行及账号：工行临江市和平路支行 1102027654321234567	密码区	+/2766<98/196521204+<<<-123 90<+64<->876*98</87625269+/ 0>+216>2>7/3-+47561<>786-/2 +782-/5432<4*-34>>>+923*124

货物或应税劳务、服务名称	规格型号	单位	数量	单价	金额	税率	税额
广告费用			1	6 000.00	6 000.00	6%	360.00
合计					¥6000.00		¥360.00
价税合计(大写)	⊗陆仟叁佰陆拾元整				（小写） ¥6360.00		

销售方	名　　称：临江欣怡广告有限公司 纳税人识别号：50078664782930116E 地 址、电 话：临江市经济技术开发区和平路 92-3 号 0439-35647892 开户行及账号：建设银行临江市和平路分行 6456979701123002312	备注	（印章：临江欣怡广告有限公司 50078664782930116E 发票专用章）

第二联：抵扣联 购货方扣税凭证

收款人：张雷　　复核：李东升　　开票人：张海　　销售方：（章）

图 3-8　增值税专用发票(抵扣联)

（7）12 月 5 日，收到阳光办公家具有限公司开来转账支票 113 000 元，支付前欠本公司办公桌椅款，如图 3-10 所示。

（8）12 月 6 日，于本年 3 月 7 日借入的一笔年利率 6%、9 个月期的流动资金借款 60 000 元到期，还本付息，如图 3-11 所示。

（9）12 月 7 日，开出现金支票提取现金并发放上月工资 61 400 元，相关票据如图 3-12、图 3-13 所示。

5000223130　　吉林省增值税专用发票　　No. 2150291205

全国统一发票监制章　吉林　国家税务总局监制

发　票　联　　开票日期：2021. 12. 05

购货方	名　　称：立信办公家具有限公司 纳税人识别号：500786207899876666E 地 址、电 话：临江市经济技术开发区玉秀路 18 号 0439-55645443 开户行及账号：工行临江市和平路支行 1102027654321234567			密码区	+/2766<98/196521204+<<<-123 90<+64<->876*98</87625269+/ 0>+216>2>7/3-+47561<>786-/2 +782-/5432<4*-34>>>+923*124		
货物或应税劳务、服务名称	规格型号	单位	数量	单价	金额	税率	税额
广告费用			1	6 000.00	6 000.00	6%	360.00
合计					¥6000.00		¥360.00
价税合计（大写）	⊗陆仟叁佰陆拾元整				（小写）¥6360.00		
销售方	名　　称：临江欣怡广告有限公司 纳税人识别号：500786647829301l6E 地 址、电 话：临江市经济技术开发区和平路 92-3 号 0439-35647892 开户行及账号：建设银行临江市和平路分行 6456979701123002312			备注	临江欣怡广告有限公司 50078664782930116E 发票专用章		

第三联：发票联　购货方扣税凭证

收款人：张雷　　复核：李东升　　开票人：张海　　销售方：（章）

图 3-9　增值税专用发票（发票联）

中国工商银行　进 账 单

2021 年 12 月 05 日

汇款人	全　称	阳光办公家具有限公司	收款人	全　称	立信办公家具有限公司
	账　号	3682910097927305600		账　号	1102027654321234567
	开户银行	工商银行沙中路支行		开户银行	工行临江市和平路支行
人民币（大写）	壹拾壹万叁仟元整			千百十万千百十元角分	¥ 1 1 3 0 0 0 0 0
票据种类	转账支票	票据张数	1张	中国工商银行临江市和平路支行 2021.12.05 转讫	
票据号码	03600377			收款人开户行盖章	
单位主管	张胜利	会计	丁一		
复核		记账			

图 3-10　进账单

中国工商银行　　贷款收回凭证

收回日期 2021 年 12 月 06 日　　No 1933132429

		现金票面	
客 户 号：2021001206	交 易 码：200003（7304）	100 元	
贷款账号：1102027654321234567		50 元	
客 户 名：立信办公家具有限公司		20 元	
客户地址：临江市经济技术开发区玉秀路 18 号		10 元	
借款日期：2021/03/07	到期日期：2021/12/06	5 元	
借款余额：60 000.00	年 利 率：6%	2 元	
还款方式：还本付息	中国工商银行股份有限公司和平路支行 2021.12.06 业务办讫	1 元	
归还本金：60 000.00	银行签章：	辅币	
归还利息：2 700.00			
尚欠本金：			
（人民币）本息合计（大写）：陆万贰仟柒佰元整	¥62 700.00		

复核　　记账　　出纳　　电脑打印 手写无效

图 3-11　贷款收回凭证

中国工商银行
现金支票存根
JL211207
20211202

附加信息

出票日期 2021 年 12 月 07 日

收款人：
立信办公家具有限公司

金 额：¥61 400.00

用 途：发放工资

单位主管 丁一　　会计 吕凤

图 3-12　支票存根

工资结算表

2021年12月

编号	部门	姓名	职务	基本工资	津贴	奖金	缺勤应扣			应付工资	代扣款项				实发工资
							病假	事假	迟到早退		住房公积	社会保险	代扣税款	代扣合计	
1	行政部门	张胜利	总经理	3000.00				200.00		2800.00					2800.00
2		张灵芳	副总经理	3000.00			200.00			2800.00					2800.00
2		仁 义	职 员	1800.00						1800.00					1800.00
小计				7800.00			200.00	200.00		7400.00					7400.00
4	财务部门	丁 一	财务主管	2500.00						2500.00					2500.00
5		吕 凤	会 计	1800.00						1800.00					1800.00
6		王 宁	出 纳	2300.00						2300.00					2300.00
7		李 欢	库 管	2000.00				200.00		1800.00					1800.00
小计				8600.00				200.00		8400.00					8400.00
8	销售部门	王 业	销售经理	2600.00				200.00		2400.00					2400.00
9		林 同	职 员	2600.00						2600.00					2600.00
小计				5200.00				200.00		5000.00					5000.00
10	生产部门	覃 胜	车间主任	2400.00						2400.00					2400.00
11		魏小波	生产工人	3200.00						3200.00					3200.00
12		魏东林	生产工人	3300.00						3300.00					3300.00
13		赵小溪	生产工人	3000.00						3000.00					3000.00
14		索清秋	生产工人	3400.00				100.00		3300.00					3300.00
15		王 巍	生产工人	2900.00						2900.00					2900.00
16		丁大力	生产工人	3300.00		200.00				3500.00					3500.00
17		刘 亮	生产工人	3100.00		100.00				3200.00					3200.00
18		刘 星	生产工人	3400.00						3400.00					3400.00
19		李 全	生产工人	3300.00				200.00		3100.00					3100.00
20		刑 天	生产工人	3200.00						3200.00					3200.00
21		方东升	生产工人	3100.00			100.00			3000.00					3000.00
22		欧阳林	生产工人	3100.00						3100.00					3100.00
小计				40700.00		300.00	100.00	300.00		40600.00					40600.00
合 计				62300.00		300.00	300.00	900.00		61400.00					61400.00

批准：张胜利　　　审核：丁一　　　制表：吕凤

图 3-13　工资结算表

(10) 12 月 8 日，销售给阳光办公家具有限公司办公桌椅 250 套，每套价格为 1 200 元。开出增值税专用发票，收到转账支票一张，相关票据如图 3-14、图 3-15 所示。

5000223130　　吉林省增值税专用发票　　No. 2150291208

（印章：全国统一发票监制章 吉林 国家税务总局监制）

此联不作报销、扣税凭证使用　　开票日期：2021.12.08

购买方	名　　称：阳光办公家具有限公司 纳税人识别号：647483628394700 地 址、电 话：重庆市沙坪坝区沙中路 23 号　023—45623457 开户行及账号：工商银行沙中路支行　3682910097927305600				密码区	+/2766<98/198533204+<<<-123 90<+64<->876*98</8765*369+/ 0>+216>2>7/3-+47561<>786-/2 +782-/5432<4*-34>>>+923*124	
货物或应税劳务、服务名称	规格型号	单位	数量	单价	金额	税率	税额
办公桌椅		套	250	1 200.00	300 000.00	13%	39 000.00
合计					¥300 000.00		¥39 000.00
价税合计(大写)	⊗叁拾叁万玖仟元整				（小写）¥339 000.00		
销售方	名　　称：立信办公家具有限公司 纳税人识别号：50078620789987666E 地 址、电 话：临江市经济技术开发区玉秀路 18 号　0439-55645443 开户行及账号：工行临江市和平路支行　11020276543212345 67				备注		

第一联：记账联　销售方记账凭证

收款人：王宁　　复核：丁一　　开票人：吕风　　销售方：（章）

图 3-14　增值税专用发票（记账联）

中国工商银行　**进 账 单**

2021 年 12 月 08 日

汇款人	全　　称	阳光办公家具有限公司	收款人	全　　称	立信办公家具有限公司
	账　　号	3682910097927305600		账　　号	1102027654321234567
	开户银行	工商银行沙中路支行		开户银行	工行临江市和平路支行

人民币（大写）	叁拾叁万玖仟元整	千	百	十	万	千	百	十	元	角	分
			¥	3	3	9	0	0	0	0	0

票据种类	转账支票	票据张数	1 张	收款人开户行盖章（印章：中国工商银行临江市和平路支行 2021.12.08 转讫）
票据号码	03600378			
单位主管	张胜利	会计	丁一	
复核		记账		

图 3-15　进账单

（11）12 月 9 日，向佳多木材厂购入杉木指接板 600 张，每张价格为 159 元；密度板 300 张，每张价格为 39 元。收到增值税专用发票，开出商业承兑汇票结算。另以现金支付运费 900 元，以材料数量为标准分配运费。材料验收入库。相关票据如图 3-16 至图 3-21 所示，现金支付凭证略。

（12）12 月 10 日，向百乐油漆临江经销处购入油漆 50 桶，每桶价格为 180 元，取得增值税专用发票，油漆入库，开出转账支票结算。相关票据如图 3-22 至图 3-25 所示。

（13）12 月 11 日，财务室购入 A4 纸 4 箱，每箱价格为 200 元；计算器一个，价格为 32 元。生产车间报销办公用品费 800 元，均以现金支付，取得增值税普通发票。相关票据如图 3-26 至图 3-28 所示。

5000223130　　吉林省增值税专用发票　　No. 2150291999

抵　扣　联　　开票日期：2021. 12. 9

购买方	名　称：立信办公家具有限公司 纳税人识别号：50078620789987666E 地 址、电 话：临江市经济技术开发区玉秀路 18 号 0439-55645443 开户行及账号：工行临江市和平路支行 1102027654321234567			密码区	+/1596<98/316566204+<<<-123 90<+64<->876*98</8765*369+/ 0>+216>2>7/3-+47561<>786-/2 +782-/5432<4*-34>>>+325*489		
货物或应税劳务、服务名称	规格型号	单位	数量	单价	金额	税率	税额
杉木指接板		张	600	159.00	95 400.00	13%	12 402.00
密度板		张	300	39.00	11 700.00	13%	1 521.00
合计					¥107 100.00		¥13 923.00
价税合计(大写)	⊗壹拾贰万壹仟零贰拾叁元整				（小写） ¥121 023.00		
销售方	名　称：佳多木材厂 纳税人识别号：54658293020200299B 地 址、电 话：临江市河西区幸福路 45 号 0439-35647890 开户行及账号：工行临江市大同路支行 6453634748292000321			备注			

收款人：周梦龙　　复核：张海霞　　开票人：李伟　　销售方：（章）

第二联：抵扣联　购买方扣税凭证

图 3-16　增值税专用发票(抵扣联)

5000223130　　吉林省增值税专用发票　　No. 2150291999

发　票　联　　开票日期：2021. 12. 9

购买方	名　称：立信办公家具有限公司 纳税人识别号：50078620789987666E 地 址、电 话：临江市经济技术开发区玉秀路 18 号 0439-55645443 开户行及账号：工行临江市和平路支行 1102027654321234567			密码区	+/1596<98/316566204+<<<-123 90<+64<->876*98</8765*369+/ 0>+216>2>7/3-+47561<>786-/2 +782-/5432<4*-34>>>+325*489		
货物或应税劳务、服务名称	规格型号	单位	数量	单价	金额	税率	税额
杉木指接板		张	600	159.00	95 400.00	13%	12 402.00
密度板		张	300	39.00	11 700.00	13%	1 521.00
合计					¥107 100.00		¥13 923.00
价税合计(大写)	⊗壹拾贰万壹仟零贰拾叁元整				（小写） ¥121 023.00		
销售方	名　称：佳多木材厂 纳税人识别号：54658293020200299B 地 址、电 话：临江市河西区幸福路 45 号 0439-35647890 开户行及账号：工行临江市大同路支行 6453634748292000321			备注			

收款人：周梦龙　　复核：张海霞　　开票人：李伟　　销售方：（章）

第二联：发票联　购买方记账凭证

图 3-17　增值税专用发票(发票联)

商 业 承 兑 汇 票 （存根）　　汇票号码 XS65869

出票日期（大写）　贰零贰壹 年　壹拾贰 月　零玖 日

付款人 全称	立信办公家具有限公司	收款人 全称	佳多木材厂		
付款人 账号	1102027654321234567	收款人 账号	6453634748292000321		
付款人 开户银行	工行临江市和平路支行	收款人 开户银行	建设银行幸福路支行		
出票金额	人民币（大写） 壹拾贰万壹仟零贰拾叁元整		亿 千 百 十 万 千 百 十 元 角 分	¥ 1 2 1 0 2 3 0 0	
汇票到期日（大写）	贰零贰贰年零叁月零壹玖日	付款人开户行	行号	5648	
交易合同号码	HT20211209		地址	临江市经济技术开发区和平路 67 号	
备注：		出票人签章			

图 3-18　商业承兑汇票

5000223130 吉林省增值税专用发票 No. 2150291209

抵 扣 联

全国统一发票监制章 吉林 国家税务总局监制

开票日期：2021. 12. 09

购买方	名　　称：立信办公家具有限公司 纳税人识别号：50078620789987666E 地 址、电 话：临江市经济技术开发区玉秀路18号 0435-55645443 开户行及账号：工行临江市和平路支行 1102027654321234567				密码区	+/2766<98/198533204+<<<-123 90<+64<->876*98</8765*369+/ 0>+216>2>7/3-+47561<>786-/2 +782-/5432<4*-34>>>+923*124	
货物或应税劳务、服务名称	规格型号	单位	数量	单价	金额	税率	税额
运输服务			1	900.00	900.00	9%	81.00
合计					¥900.00		¥81.00
价税合计(大写)	⊗玖佰捌拾壹元整				（小写） ¥981.00		
销售方	名　　称：临江联兴运输公司 纳税人识别号：748590001716010145 地 址、电 话：临江市大同路22号 0439-35645448 开户行及账号：工行临江市大同路支行 2202027654324576530				备注	临江联兴运输公司 748590001716010145 发票专用章	

收款人：郑欧美　　复核：海鹏　　开票人：程曦　　销售方：（章）

第二联：抵扣联 购货方扣税凭证

图 3-19　增值税专用发票(抵扣联)

5000223130 吉林省增值税专用发票 No. 2150291209

发 票 联

全国统一发票监制章 吉林 国家税务总局监制

开票日期：2021. 12. 09

购买方	名　　称：立信办公家具有限公司 纳税人识别号：50078620789987666E 地 址、电 话：临江市经济技术开发区玉秀路18号 0435-55645443 开户行及账号：工行临江市和平路支行 1102027654321234567				密码区	+/2766<98/198533204+<<<-123 90<+64<->876*98</8765*369+/ 0>+216>2>7/3-+47561<>786-/2 +782-/5432<4*-34>>>+923*124	
货物或应税劳务、服务名称	规格型号	单位	数量	单价	金额	税率	税额
运输服务			1	900.00	900.00	9%	81.00
合计					¥900.00		¥81.00
价税合计(大写)	⊗玖佰捌拾壹元整				（小写） ¥981.00		
销售方	名　　称：临江联兴运输公司 纳税人识别号：748590001716010145 地 址、电 话：临江市大同路22号 0439-35645448 开户行及账号：工行临江市大同路支行 2202027654324576530				备注	临江联兴运输公司 748590001716010145 发票专用章	

收款人：郑欧美　　复核：海鹏　　开票人：程曦　　销售方：（章）

第三联：发票联 购货方记账凭证

图 3-20　增值税专用发票(发票联)

材料入库单（记账凭单）

供货单位：佳多木材厂　　材料类别：板材　　编号：0013

发票号码：2150291999　　材料编号：002、003　仓库：材料仓

2021 年 12 月 09 日

材料名称	计量单位	规格型号	数量		实际成本				
			应收	实收	单价	金额	运杂费	其他	合计
杉木指接板	张		600	600	159.00	95400.00	600.00		¥96000.00
密度板	张		300	300	39.00	11700.00	300.00		¥12000.00
备注：					合计	¥107100.00	¥900.00		¥108000.00

采购：林同　　检验：李欢　　保管：李欢　　主管：丁一　　财务：吕凤

图 3-21　材料入库单

5000223130　　吉林省增值税专用发票　　No. 2150291210

全国统一发票监制章 吉林 国家税务总局监制

抵　扣　联　　开票日期：2021. 12. 10

购买方	名　　称：立信办公家具有限公司 纳税人识别号：50078620789987666E 地 址、电 话：临江市经济技术开发区玉秀路 18 号 0435-55645443 开户行及账号：工行临江市和平路支行 1102027654321234567				密码区	+/2766<98/198533204+<<<-123 90<+64<->876*98</5642*369+/ 0>+216>2>7/417561<>786-/2 +782-/54548-34>>>+923*124	
货物或应税劳务、服务名称	规格型号	单位	数量	单价	金额	税率	税额
油漆		桶	50.00	180.00	9 000.00	13%	1 170.00
合计					¥9 000.00		¥1 170.00
价税合计(大写)	⊗壹万零壹佰柒拾元整				（小写）¥10 170.00		
销售方	名　　称：百乐油漆临江经销处 纳税人识别号：6487539200571035654 地 址、电 话：临江市大同路 22 号 0439-35645448 开户行及账号：工行临江市大同路支行 2202027654324576530				备注	百乐油漆临江经销处 6487539200571035654 发票专用章	

第二联：抵扣联　购货方扣税凭证

收款人：程红　复核：曲波　开票人：李丹　销售方：（章）

图 3-22　增值税专用发票（抵扣联）

5000223130　　吉林省增值税专用发票　　No. 2150291210

全国统一发票监制章 吉林 国家税务总局监制

发　票　联　　开票日期：2021. 12. 10

购买方	名　　称：立信办公家具有限公司 纳税人识别号：50078620789987666E 地 址、电 话：临江市经济技术开发区玉秀路 18 号 0435-55645443 开户行及账号：工行临江市和平路支行 1102027654321234567				密码区	+/2766<98/198533204+<<<-123 90<+64<->876*98</5642*369+/ 0>+216>2>7/417561<>786-/2 +782-/54548-34>>>+923*124	
货物或应税劳务、服务名称	规格型号	单位	数量	单价	金额	税率	税额
油漆		桶	50.00	180.00	9 000.00	13%	1 170.00
合计					¥9 000.00		¥1 170.00
价税合计(大写)	⊗壹万零壹佰柒拾元整				（小写）¥10 170.00		
销售方	名　　称：百乐油漆临江经销处 纳税人识别号：6487539200571035654 地 址、电 话：临江市大同路 22 号 0439-35645448 开户行及账号：工行临江市大同路支行 2202027654324576530				备注	百乐油漆临江经销处 6487539200571035654 发票专用章	

第三联：发票联　购货方记账凭证

收款人：程红　复核：曲波　开票人：李丹　销售方：（章）

图 3-23　增值税专用发票（发票联）

材料入库单（记账凭单）

供货单位：百乐油漆临江经销处　　材料类别：主要材料　　编号：0014

发票号码：2150291201　　材料编号：005　　仓库：材料仓

2021 年 12 月 10 日

材料名称	计量单位	规格型号	数量		实际成本				
			应收	实收	单价	金额	运杂费	其他	合计
油漆	桶		50	50	180.00	9 000.00			¥9 000.00
备注：					合计	¥9 000.00			¥9 000.00

采购：林同　检验：李欢　保管：李欢　主管：丁一　财务：吕风

图 3-24　材料入库单

中国工商银行
转账支票存根
JL211210
20211203

附加信息

出票日期 2021 年 12 月 10 日

收款人： 百乐油漆临江经销处	
金 额：¥10 170.00	
用 途：支付货款	

单位主管 丁一　　会计 吕凤

图 3-25 支票存根

5000223130　　吉林省增值税普通发票　　No. 2150293412

发 票 联　　开票日期：2021. 12. 11

（印章：全国统一发票监制章 国家税务总局监制）

购买方	名 称：立信办公家具有限公司 纳税人识别号：50078620789987666E 地 址、电 话：临江市经济技术开发区玉秀路18号 0439-55645443 开户行及账号：工行临江市和平路支行 1102027654321234567			密码区	8821*4/-12<0<9-+3-*3*040331 4412>355-01132*62/25/5-2*12 7+8*71068+4-35+</583/5<-*04 03314412>355-01/*72+7**1*><		
货物或应税劳务、服务名称	规格型号	单位	数量	单价	金额	税率	税额
A4纸		箱	4	194. 175	776.70	3%	23.30
计算器		个	1	31. 070	31.07	3%	0.93
合 计					¥807.77		¥24.23
价税合计(大写)	⊗捌佰叁拾贰元整				（小写） ¥832.00		
销售方	名 称：临江红星文具有限公司玉秀路店 纳税人识别号：654231589885325635 地 址、电 话：临江市经济技术开发区玉秀路90号 0439-55645335 开户行及账号：工行临江市和平路支行 1102027654321987654			备注	（印章：红星文具有限公司 65423158988532563 发票专用章）		

（印章：现金付讫）

第二联：发票联 购买方记账凭证

收款人：梅平红　　复核：唐宋　　开票人：宁开江　　销售方：（章）

图 3-26 增值税普通发票(发票联)

办公用品领用单

领用部门：财务室　　领用时间：2021 年 12 月 11 日

序号	品名	规格	单位	数量	单价	总额
1	计算器		个	1	32	32. 00
2	A4纸		箱	4	200	800. 00
5						
6						
7						
合计：						¥832. 00

填报提示：每月末各部门统计后填报此表，并于31日前交办公室统一采购。逾期未报且事先说明缘由，视为无领购需求，请各部门遵照执行，以免给日常办公带来不便。

主管：张胜利　　经办：丁一　　领用部门 财务部　　经办：吕凤

图 3-27 办公用品领用单

费 用 报 销 单

部门：生产部　　2021 年 12 月 30 日　　编号：001

开支内容	金额	结算方式
办公费	832.00	1. 冲借款______元
		2. 转账______元
		3. 汇款______元
		4. 现金付讫 ¥832.00 元
合计：（大写）人民币捌佰叁拾贰元整		现金付讫

附单据 1 张

会计主管：丁一　单位负责人：张胜利　出纳：王宁　经办人：覃胜

图 3-28　费用报销单

（14）12 月 12 日，为帮助甲丁木材加工厂顺利生产，销售杉木指接板 50 张给甲丁木材加工厂，售价为 180 元 1 张，材料已发出并开出增值税普通发票，未收款，如图 3-29 所示。

5000223130　　吉林省增值税普通发票　　No. 2150291202

此联不作报销、扣税凭证使用　　开票日期：2021. 12. 12

（全国统一发票监制章 吉林 国家税务总局监制）

购买方	名　　称：甲丁木材加工厂 纳税人识别号：647483628394700321 地 址、电 话：临江市玉秀区响水路 21 号 0439-56352134 开户行及账号：交通银行临江市玉秀区响水路分理处 6464356535554682543			密码区	+/2766<98/198533204+<<<-1 2390<+64<->876*98</8765*3 69+/0>+216>2>7/3-+47561<> 786-/2+782-/5432<4*-34>>>		
货物或应税劳务、服务名称	规格型号	单位	数量	单价	金额	税率	税额
杉木指接板		张	50.00	180.00	9 000.00	13%	1 170.00
合计					¥9 000.00		¥1 170.00
价税合计（大写）	⊗壹拾万零佰柒拾元整				（小写）¥10 170.00		
销售方	名　　称：立信办公家具有限公司 纳税人识别号：50078620789987666E 地 址、电 话：临江市经济技术开发区玉秀路 18 号 0439-55645443 开户行及账号：工行临江市和平路支行 1102027654321234567			备注			

第一联：记账联　销售方记账凭证

收款人：　复核：丁一　开票人：吕风　销售方：（章）

图 3-29　增值税普通发票（记账联）

（15）12 月 13 日，立信办公家具有限公司销售给多禾计算机培训学校木沙发 3 套，每套价格为 4 000 元；办公桌椅 20 套，每套价格为 1 200 元。立信办公家具有限公司开出增值税普通发票，收到银行承兑汇票一张。相关票据如图 3-30、图 3-31 所示。

（16）12 月 14 日，王宁在现金盘点时发现现金长款 10 元。具体如图 3-32 所示。

（17）12 月 15 日，交纳上月各种税款。具体如图 3-33、图 3-34 所示。

（18）12 月 15 日，现金长款 10 元钱原因不明，经批准按准则要求处理，如图 3-35 所示。

5000223130　　**吉林省增值税专用发票**　　No. 2150291203

此联不作报销、扣税凭证使用　　开票日期：2021. 12. 13

购买方	名　　称：多禾计算机培训学校 纳税人识别号：647486541239875326 地 址、电 话：临江市玉秀区响水路 46 号 0439-53521643 开户行及账号：工商银行临江市大同路支行 1102065897413659872				密码区	+/2766<98/198533204+<<<-123 90<+64<->876*98</8765*369+/ 0>+216>2>7/3-+47561<>786-/2 +782-/5432<4*-34>>>+923*124		
货物或应税劳务、服务名称	规格型号	单位	数量	单价	金额	税率	税额	
实木沙发		套	3	4 000.00	12 000.00	13%	1 560.00	
办公桌椅		套	20	1 200.00	24 000.00	13%	3 120.00	
合计					¥36 000.00		¥4 680.00	
价税合计（大写）	⊗肆万零陆佰捌拾元整				（小写）¥40 680.00			
销售方	名　　称：立信办公家具有限公司 纳税人识别号：50078620789987666E 地 址、电 话：临江市经济技术开发区玉秀路 18 号 0439-55645443 开户行及账号：工行临江市和平路支行 1102027654321234567				备注			

第一联：记账联　销售方记账凭证

收款人：　　复核：丁一　　开票人：吕凤　　销售方：（章）

图 3-30　增值税专用发票(记账联)

银行承兑汇票　　1　30900040 27033031

出票日期（大写）　贰零贰壹 年 壹拾贰 月 壹拾叁 日

出票人全称	多禾计算机培训学校	收款人	全称	立信办公家具有限公司
出票人账号	1102028901234567891		账号	1102027654321234567
付款行全称	工行大同路支行		开户银行	工行临江市和平路支行
出票金额	人民币（大写）肆万零陆佰捌拾元整		亿 千 百 十 万 千 百 十 元 角 分	¥ 4 0 6 8 0 0 0
汇票到期日（大写）	贰零贰贰年零叁月壹拾叁日	付款行	行号	309303001900
承兑协议编号	11003E0514022		地址	工行大同路支行
本汇票请你行承兑，到期无条件付款 出票人签章	本汇票已经承兑，到期日由本行付款 承兑行签章 承兑日期 2021 年 12 月 13 日 备注：		复核　记账	

图 3-31　银行承兑汇票

现金盘点报告表

2021 年 12 月 14 日

单位名称：立信办公家具有限公司

实存金额	账存金额	盘亏情况		备注
		盘盈数	盘亏数	
22376.00	22366.00	10.00		
处理意见：				

主管：丁一　　会计：吕凤　　核点：王宁

图 3-32　现金盘点报告表

中国工商银行　　**中国工商银行客户专用回单**

转账日期：2021 年 12 月 15 日　　凭证字号：20141215797899809 9

纳税人全称及纳税人识别号：立信办公家具有限公司 50078620789987666E

付款人全称：立信办公家具有限公司　　咨询投诉电话：0439-55645442

付款人账号：1102027654321234567　　征收机关名称（委托方）：临江市经开区国家税务局

付款人开户银行：工行临江市和平路支行　　收款国库（银行）名称：国家金库临江市经技术开发区支库

小写（合计）金额：¥131 206.60　　缴款书交易流水号：202112159870897

大写（合计）金额：人民币壹拾叁万壹仟贰佰零陆元陆角整　　税票号码：4274738594736409

税（费）种名称	所属日期	实缴金额
增值税	2021 年 11 月 01 日 至 2021年 11 月 30 日	131 206.60

图 3-33　客户回单

中国工商银行　　**中国工商银行客户专用回单**

转账日期：2021 年 12 月 15 日　　凭证字号：2021121579776876789 8

纳税人全称及纳税人识别号：立信办公家具有限公司 50078620789987666E

付款人全称：立信办公家具有限公司　　咨询投诉电话：0439-55645442

付款人账号：1102027654321234567　　征收机关名称（委托方）：临江市经开区国家税务局

付款人开户银行：工行临江市和平路支行　　收款国库（银行）名称：国家金库临江市经技技术开发区支库

小写（合计）金额：¥15 744.79　　缴款书交易流水号：202112159870900

大写（合计）金额：人民币壹万伍仟柒佰肆拾肆元柒角玖分　　税票号码：4274738594736414

税（费）种名称	所属日期	实缴金额
城市维护建设税	2021 年 11 月 01 日 至 2021 年 11 月 30 日	9 184.46
政府性基金收入	2021 年 11 月 01 日 至 2021 年 11 月 30 日	3 936.20
专项收入	2021 年 11 月 01 日 至 2021 年 11 月 30 日	2 624.13

图 3-34　客户回单

关于财产物资盘亏盘盈的处理批复

公司财务部：

经研究决定 2021 年 12 月 14 日进行的财产清查，其清查的结果按照以下方法核销：无法查明原因，按小企业会计准则处理。

单位签章：同意做上述处理

张胜利

2021.12.15

图 3-35　批复处理意见

(19) 12 月 16 日，收到友好家具捐赠的一批辅助材料，价值 1 700 元，材料已验收入库。具体如图 3-36 所示。

材料入库单（记账凭单）

供货单位：友好家具　　材料类别：辅助材料　　编号：0013

发票号码：2112220212　　材料编号：fz001　　仓库：材料仓

2021 年 12 月 16 日

材料名称	计量单位	规格型号	数量		实际成本				
			应收	实收	单价	金额	运杂费	其他	合计
辅助材料						1700.00			1700.00
备注：					合计	1700.00			¥1700.00

采购：林同　　检验：李欢　　保管：李欢　　主管：丁一　　财务：吕凤

图 3-36　材料入库单

(20) 12 月 17 日，销售部林同报销差旅费 2 000 元，不足部分以现金支付。具体如图 3-37所示。

差旅费报销单

部门：销售部　　2021 年 12 月 17 日　　NO：005

日期	出发地	到达地	公出补助			车(船)票	住宿费	其他	合计金额
			天数	标准	金额				
11.27-12.17	临江	临江	20	100.00	2 000.00				2 000.00
合计									¥2 000.00
总计人民币（大写）			贰仟元整				现金付讫		
预支数	¥1 500.00		核销数		¥2 000.00		补退数		¥500.00

领导审批：张胜利　　财务主管：丁一　　出纳：王宁　　报销人：林同

图 3-37　差旅费报销单

(21) 12 月 19 日，向红太阳有限责任公司购入木工雕刻机一台，价款为 2 000 元，增值税 260 元。款未付，雕刻机交付生产车间使用。具体如图 3-38 至图 3-40 所示。

5000223130　　**吉林省增值税专用发票**　　No. 2150291233

全国统一发票监制章　吉林　国家税务总局监制

抵　扣　联　　开票日期：2021. 12. 19

购买方　名　称：立信办公家具有限公司
纳税人识别号：50078620789987666E
地 址、电 话：临江市经济技术开发区玉秀路 18 号 0439-55645443
开户行及账号：工行临江市和平路支行 110202765432l234567

密码区：+/1596<98/316566204+<<<-123
90<+64<->876*98</8765*369+/
0>+216>2>7/3-+47561<>786-/2
+782-/5432<4*-34>>>+325*489

货物或应税劳务、服务名称	规格型号	单位	数量	单价	金额	税率	税额
木工雕刻机		台	1	2 000.00	2 000.00	13%	260.00
合计					¥2 000.00		¥260.00
价税合计(大写)	⊗贰仟贰佰陆拾元整				（小写） ¥2 260.00		

销售方　名　称：临江市红太阳有限公司
纳税人识别号：50078620056977888A
地 址、电 话：临江市玄石区大同路 22 号 0439-65479832
开户行及账号：工行临江市大同路支行 110202 8909876549678

备注：临江市红太阳有限公司　50078620056977888A　发票专用章

第二联：抵扣联　购买方扣税凭证

收款人：　　复核：吕胜利　　开票人：王英　　销售方：（章）

图 3-38　增值税专用发票(抵扣联)

5000223130　　吉林省增值税专用发票　　No. 2150291233

发　票　联　　开票日期：2021.12.19

购买方	名　称：立信办公家具有限公司 纳税人识别号：50078620789987666E 地址、电话：临江市经济技术开发区玉秀路18号 0439-55645443 开户行及账号：工行临江市和平路支行 1102027654321234567				密码区	+/1596<98/316566204+<<<-123 90<+64<->876*98</8765*369+/ 0>+216>2>7/3-+47561<>786-/2 +782-/5432<4*-34>>>+325*489	
货物或应税劳务、服务名称	规格型号	单位	数量	单价	金额	税率	税额
木工雕刻机		台	1	2 000.00	2 000.00	13%	260.00
合计					¥2 000.00		¥260.00
价税合计（大写）	⊗贰仟贰佰陆拾元整				（小写）¥2 260.00		
销售方	名　称：临江市红太阳有限公司 纳税人识别号：624586207899876693 地址、电话：临江市玄石区大同路22号 0439-65479832 开户行及账号：工行临江市大同路支行 1102028909876549678				备注	临江市红太阳有限公司 50078620056977888A 发票专用章	

收款人：　　复核：吕胜利　　开票人：王英　　销售方：（章）

第三联：发票联　购买方记账凭证

图 3-39　增值税专用发票（发票联）

固定资产验收单

2021 年 12 月 19 日

名称	规格型号	单位	数量	设备价款	预计使用年限	使用部门
木工雕刻机		台	1	2 000.00	3	生产车间
合计				¥2 000.00		

单位主管：张胜利　　检验：覃胜　　经办：张灵芳

图 3-40　固定资产验收单

（22）12 月 20 日，以存款支付司机交通违章罚款 200 元。具体如图 3-41、图 3-42 所示。

临江市交通违法罚款收据　　NO 34246459

注册号码：　国[illegible]第15号

收款日期：　2021年12月20日　　票据类型　数字指纹　7678969876

根据第141205号交通管理处罚决定书，收取仁义交通违法罚款人民币200.00元，大写金额人民币贰佰元整。

收款银行盖章：中国工商银行股份有限公司和平路支行 2021.12.20 收讫　　经办人盖章：李天

操作员：刑立夫

第一联　客记联

备注：当事人逾期缴纳罚款的，每日按罚款数额的百分之三加收罚款。

图 3-41　罚款收据

中国工商银行
转账支票存根
JL211220
20211204
附加信息

出票日期 2021 年 12 月 20 日

收款人：临江市经济开发区交警大队	
金 额：¥200.00	
用 途：交通违规罚款	

单位主管 丁一　　会计 吕凤

图 3-42　支票存根

（23）12 月 21 日，现金盘点时发现现金短款 80 元，原因待查。具体如图 3-43 所示。

现金盘点报告表

2021 年 12 月 21 日

单位名称：立信办公家具有限公司

实存金额	账存金额	盘亏情况		备　注
		盘盈数	盘亏数	
21 796.00	21 876.00		80.00	
处理意见：				

主管：丁一　　　　会计：吕凤　　核点：王宁

图 3-43　现金盘点报告表

（24）12 月 22 日，昨天发现的现金短款原因不明，经批准由出纳赔偿 50%，其余按会计准则处理。具体如图 3-44 所示。

（25）12 月 23 日，现金支付职工李欢生活困难补助 200 元。具体如图 3-45 所示。

（26）12 月 24 日，本年度财产清查发现盘亏杉木板 4 张，每张成本为 160 元；盘盈木工曲线锯 2 把，每把成本为 158 元；盘亏雕刻机一台，成本为 2 000 元(以上均不考虑增值税）。具体如图 3-46、图 3-47 所示。

（27）12 月 26 日，上述发现的盘盈、盘亏无法查明原因，盘亏杉木板由库管员赔偿 30%，其余均按准则处理。处理批复如图 3-48 所示。

关于财产物资盘亏盘盈的处理批复

公司财务部：

经研究决定 2021 年 12 月 21 日进行的财产清查，其清查的结果按照以下方法核销：由出纳赔偿 50%，其余按小企业会计准则处理。

单位签章：同意做上述处理

立信办公家具有限公司
张胜利
2021.12.22

图 3-44　批复处理意见

员工补助发放表

时间：2021年12月23日

姓名	项目	金额	签名
李欢	困难补助	200.00	李欢
		现金付讫	
合　计		¥200.00	

审批：张胜利　　　　制表：吕凤

图 3-45　员工补助发放表

存货盘盈盘亏报告表

单位名称：立信办公家具有限公司　　2021 年 12 月 24 日　　单位：元

存货编号	名称	单位	单价	实存		账存		盘亏		盘盈		原因
				数量	金额	数量	金额	数量	金额	数量	金额	
	杉木板	张	160.00	3 031.00	484 960.00	3 035.00	485 600.00	4.00	640.00			
	木工曲线锯	把	158.00	10.00	1 580.00	8.00	1 264.00			2.00	316.00	
合　计									¥640.00		¥316.00	

单位负责人 张胜利　　　　盘点人 李欢　吕凤

图 3-46　存货盘盈、盘亏报告表

固定资产盘盈盘亏报告表

日期：2021 年 12 月 24 日　　金额单位：元

固定资产名称	使用部门	盘盈			盘亏		
		数量	重置价值	金额	数量	账面价值	金额
雕刻机	生产部				1 台	2 000.00	2 000.00
合　计						¥2 000.00	¥2 000.00

制表：吕凤　　审核：丁一　　财务主管：丁一

图 3-47　固定资产盘盈、盘亏报告表

关于财产物资盘亏盘盈的处理批复

公司财务部：

经研究决定 2021 年 12 月 24 日进行的财产清查，其清查的结果按照以下方法核销：盘亏杉木板由库管员赔偿 30%，按小企业会计准则处理。

单位签章：同意做上述处理

（印章：立信办公家具有限公司）张胜利

2021.12.26

图 3-48　批复处理意见

(28) 12 月 27 日，销售给红太阳有限责任公司办公桌椅 400 套，每套售价为 1 200 元；沙发 40 套，每套售价为 4 000 元。开出增值税专用发票，款未收。具体如图 3-49 所示。

5000223130　　吉林省增值税专用发票　　No. 2150291204

此联不作报销、扣税凭证使用　　开票日期：2021. 12. 27

购买方	名　称：临江市红太阳有限公司 纳税人识别号：624586207899876693 地 址、电 话：临江市玄石区大同路 22 号 0439-55326501 开户行及账号：工行临江市大同路支行 110202890987654967 8				密码区	+/2766<98/198533204+<<<-123 90<+64<->876*98</8765*369+/ 0>+216>2>7/3-+47561<>786-/2 +782-/5432<4*-34>>>+923*124		
货物或应税劳务、服务名称	规格型号	单位	数量	单价	金额	税率	税额	
办公桌椅		套	400	1 200.00	480 000.00	13%	62 400.00	
实木沙发		套	40	4 000.00	160 000.00	13%	20 800.00	
合计					¥640 000.00		¥83 200.00	
价税合计(大写)	⊗柒拾贰万叁仟贰佰元整				（小写）¥723 200.00			
销售方	名　称：立信办公家具有限公司 纳税人识别号：50078620789987666E 地 址、电 话：临江市经济技术开发区玉秀路 18 号 0439-5645443 开户行及账号：工行临江市和平路支行 110202765432123456 7				备注			

第一联：记账联　销售方记账凭证

收款人：　　复核：丁一　　开票人：吕风　　销售方：（章）

图 3-49　增值税专用发票(记账联)

(29) 12 月 28 日，对固定资产提取折旧(汽车预计可行驶 50 万公里，本月行驶 6 000 公里)。固定资产折旧计算表如图 3-50 所示。

(30) 12 月 29 日，购入砂纸作为辅助材料，开出转账支票支付，材料尚未收到。相关票据如图 3-51、图 3-52 所示。

(31) 12 月 29 日，汇总本月发出材料费用。系列领料单如图 3-53 至图 3-64 所示。

(32) 12 月 29 日，开出转账支票支付本月水费、电费。具体如图 3-65 至图 3-71 所示(本题增值税专用发票抵扣联略)。

(33) 12 月 30 日，分配本月工资费用 62 200 元。具体如图 3-72 所示。

(34) 12 月 30 日，张胜利报销话费 220 元，覃胜报销话费 166 元，均现金支付(话费清单两张略)，具体如图 3-73、图 3-74 所示。

固定资产折旧计算表

2021 年 12 月 28 日　　　　　金额单位：元

使用单位	固定资产类别	应提折旧固定资产原值	预计净残值率	折旧方法	月折旧率	月折旧额
生产部门	房屋建筑物	240 000.00	5%	平均年限法	0.4%	
	生产设备	80 000.00	5%	平均年限法	1.5%	
	办公电脑	9 000.00	5%	平均年限法	2%	
小计		329 000.00	—	—	—	
管理部门	房屋建筑物	90 000.00	5%	平均年限法	0.4%	
	办公电脑	12 000.00	5%	平均年限法	2%	
	汽车	290 000.00	5%	平均年限法	6 000 公里	
小计		392 000.00	—	—		
合　计						

制表：吕凤　　　　　　　　**审核：丁一**

图 3-50　固定资产折旧计算表

吉林省　国家税务局通用机打发票

（印章：全国统一发票监制章　吉林　国家税务总局监制）

发　票　联

发票代码　临江 00161140
发票号码　40544636
机打号码　82956982

开票日期：2021 年 12 月 29 日　　行业分类：商业

购货单位名称：立信办公家具有限公司　　　　税务登记代码：50078620789987666E
购货单位地址：临江市经济技术开发区玉秀路 18 号　　开户银行：工行临江市和平路支行
购货单位电话：0439-55645443　　　　银行账号：1102027654321234567

品名	规格	单位	数量	单价	金额
细砂纸	5 片装	包	100	21.47	2147.00

金额合计：人民币贰仟壹佰肆拾柒元整　　　　（小写）¥2147.00

收款单位名称（盖章）：　　　　收款单位税号：654231589885325635
收款单位地址：临江市经济技术开发区玉秀路 90 号　　开户银行：工行临江市和平路支行
收款单位电话：0439-55645335　　　　银行账号：1102027654321987654

（印章：临江红星文具有限公司玉秀路店　654231589885325635　发票专用章）

收款人：梅平红　　复核人：唐宋　　开票人：宁开江

第一联：发票联（购货单位付款凭证）（手开无效）

图 3-51　通用机打发票

（35）12 月 30 日，按生产工人工资标准分配制造费用（尾差由实木沙发承担）。具体如图 3-75 所示。

（36）12 月 30 日，结转本月完工入库产品成本（所有产品均以完工入库，其中办公桌椅 690 套，实木沙发 50 套）。成本汇总表如图 3-76 所示（产品入库单略）。

（37）12 月 30 日，阳光办公家具公司开给本公司的三个月期、面值 23 400 元的银行承兑汇票到期，收到票据款，具体如图 3-77 所示。

中国工商银行
转账支票存根
JL211220
456231879

附加信息

出票日期 2021 年 12月 29 日

收款人：红星文具有限公司玉秀路店
金　额：¥2147.00
用　途：货款

单位主管 丁一　会计 吕凤

图 3-52　支票存根

领料单

仓库：原材料　　开单日期：2021.12.3　　单据号：211201

材料编号	材料名称	规格型号	单位	数量		实际成本	
				请领	实发	单价	金额
	杉木指接板		张	1 800	1 800		
用途	生产用			领料部门		发料部门	
				负责人	领料人	核准人	发料人
					索清秋		李欢

二 财务

图 3-53　领料单(一)

领料单

仓库：原材料　　开单日期：2021.12.3　　单据号：211202

材料编号	材料名称	规格型号	单位	数量		实际成本	
				请领	实发	单价	金额
	密度板		张	2 010	2 010		
用途	生产用			领料部门		发料部门	
				负责人	领料人	核准人	发料人
					索清秋		李欢

二 财务

图 3-54　领料单(二)

领料单

仓库：原材料　　　　开单日期：2021.12.12　　　　单据号：211203

材料编号	材料名称	规格型号	单位	数量		实际成本	
				请领	实发	单价	金额
	油漆		桶	35	35		
用途	生产用			领料部门		发料部门	
				负责人	领料人	核准人	发料人
					索清秋		李欢

二 财务

图 3-55　领料单(三)

领料单

仓库：原材料　　　　开单日期：2021.12.15　　　　单据号：211204

材料编号	材料名称	规格型号	单位	数量		实际成本	
				请领	实发	单价	金额
	杉木指接板		张	1 000	1 000		
用途	生产用			领料部门		发料部门	
				负责人	领料人	核准人	发料人
					索清秋		李欢

二 财务

图 3-56　领料单(四)

领料单

仓库：原材料　　　　开单日期：2021.12.15　　　　单据号：211205

材料编号	材料名称	规格型号	单位	数量		实际成本	
				请领	实发	单价	金额
	密度板		张	1 100	1 100		
用途	生产用			领料部门		发料部门	
				负责人	领料人	核准人	发料人
					索清秋		李欢

二 财务

图 3-57　领料单(五)

领料单

仓库：原材料　　　　开单日期：2021.12.20　　　　单据号：211206

材料编号	材料名称	规格型号	单位	数量		实际成本	
				请领	实发	单价	金额
	杉木指接板		张	226	226		
用途	生产用			领料部门		发料部门	
				负责人	领料人	核准人	发料人
					索清秋		李欢

二 财务

图 3-58　领料单(六)

领料单

仓库：原材料　　开单日期：2021.12.20　　单据号：211207

材料编号	材料名称	规格型号	单位	数量		实际成本	
				请领	实发	单价	金额
	密度板		张	800	800		
用途	生产用			领料部门		发料部门	
				负责人	领料人	核准人	发料人
					索清秋		李欢

二 财务

图 3-59 领料单(七)

领料单

仓库：原材料　　开单日期：2021.12.20　　单据号：211208

材料编号	材料名称	规格型号	单位	数量		实际成本	
				请领	实发	单价	金额
	油漆		桶	23	23		
用途	生产用			领料部门		发料部门	
				负责人	领料人	核准人	发料人
					索清秋		李欢

二 财务

图 3-60 领料单(八)

领料单

仓库：原材料　　开单日期：2021.12.12　　单据号：211209

材料编号	材料名称	规格型号	单位	数量		实际成本	
				请领	实发	单价	金额
	杉木指接板		张	50.00	50.00	160.00	8000.00
用途	销售			领料部门		发料部门	
				负责人	领料人	核准人	发料人
					林同		李欢

二 财务

图 3-61 领料单(九)

领料单

仓库：辅助材料　　开单日期：2021.12.20　　单据号：211210

材料编号	材料名称	规格型号	单位	数量		实际成本	
				请领	实发	单价	金额
	辅助材料						1600.00
用途	生产一般耗用			领料部门		发料部门	
				负责人	领料人	核准人	发料人
					覃胜		李欢

二 财务

图 3-62 领料单(十)

发料凭证汇总表

2021 年 12 月 31 日　　　　　　金额单位：元

领料部门	领料用途	材料种类	材料名称	领用数量	单 价	金 额
生产部	生产用	主要材料	杉木指接板	3 026 张	160.00	484 160.00
生产部	生产用	主要材料	密度板	3 910 张	40.00	156 400.00
生产部	生产用	主要材料	油漆	58 桶	180.00	10 440.00
生产部	一般耗用	辅助材料				1 600.00
销售部	销售	主要材料	杉木指接板	50 张	160.00	8 000.00
合计						¥660 600.00

制表：吕凤　　　　　　　　审核：丁一

图 3-63　发料汇总表

材料费用分配表

2021 年 12 月 31 日　　　　　　金额单位：元

应借科目			分配记入		直接计入	合计
总账及二级科目	明细科目	成本项目	产量	应分配材料费用		
生产成本	办公桌椅	直接材料	690 套	540 330.00		540 330.00
	实木沙发	直接材料	50 套	110 670.00		110 670.00
	小计			651 000.00		651 000.00
制造费用	基本生产车间	机物料消耗			1 600.00	1 600.00
其他业务成本	让售材料				8 000.00	8 000.00
合 计				651 000.00	9 600.00	660 600.00

制表：吕凤　　　　　　　　审核：丁一

图 3-64　材料费用分配表

中国工商银行
转账支票存根
JL211220
20211206
附加信息
出票日期 2021 年 12 月 29 日
收款人：临江市经济开发区电力公司
金 额：¥5 839.84
用 途：电费
单位主管 丁一　　会计 吕凤

图 3-65　支票存根(一)

中国工商银行
转账支票存根
JL211229
20211207
附加信息
出票日期 2021 年 12 月 29 日
收款人：临江市经济开发区供水公司
金 额：¥186.39
用 途：水费
单位主管 丁一　　会计 吕凤

图 3-66　支票存根(二)

各部门用水量记录
2021 年 12 月

部门	用水量（吨）
管理部门	4.00
销售部门	4.00
生产部门	30.00
合计	38.00

记录人：覃胜

图 3-67　用水量记录

各部门用电量记录
2021 年 12 月

部门	用电量（度）
管理部门	205.00
销售部门	160.00
生产部门	6 095.00
合计	6 460.00

记录人：覃胜

图 3-68　用电量记录

5000223130　　**吉林省增值税专用发票**　　No. 2150294570

发票联（全国统一发票监制章 吉林 国家税务总局监制）

开票日期：2021.12.29

购买方	名　　称：立信办公家具有限公司 纳税人识别号：500786207899876666E 地 址、电 话：临江市经济技术开发区玉秀路 18 号 0439-55645443 开户行及账号：工行临江市和平路支行 1102027654321234567	密码区	+/1596<98/316566204+<<<-123 90<+64<->876*98</8765*369+/ 0>+216>2>7/3-+47561<>786-/2 +782-/5432<4*-34>>>+325*489

货物或应税劳务、服务名称	规格型号	单位	数量	单价	金额	税率	税额
水费		吨	38	4.50	171.00	9%	15.39
合计					¥171.00		¥15.39
价税合计(大写)	⊗壹佰捌拾陆元叁角玖分				（小写） ¥186.39		

销售方	名　　称：临江市开发区供水公司 纳税人识别号：648765920314795863 地 址、电 话：临江市经济技术开发区临江路 45 号 0439-53654456 开户行及账号：工行临江路分行 1102028909658743256	备注	临江市开发区供水公司 6487659203147958 发票专用章

收款人：朱红玉　　复核：张红霞　　开票人：李楠　　销售方：（章）

第三联：发票联　购买方记账凭证

图 3-69　增值税专用发票(发票联)

5000223130　　**吉林省增值税专用发票**　　No. 2150292630

发票联（全国统一发票监制章 吉林 国家税务总局监制）

开票日期：2021.12.29

购买方	名　　称：立信办公家具有限公司 纳税人识别号：500786207899876666E 地 址、电 话：临江市经济技术开发区玉秀路 18 号 0439-55645443 开户行及账号：工行临江市和平路支行 1102027654321234567	密码区	+/9543<69/659566204+<<<-123 90<+64<->876*98</8765*369+/ 0>+216>2>7/3-+47561<>786-/2 +782-/5432<4*-34>>>+215*841

货物或应税劳务、服务名称	规格型号	单位	数量	单价	金额	税率	税额
电费		度	6 460	0.80	5 168.00	13%	671.84
合计					¥5 168.00		¥671.84
价税合计(大写)	⊗伍仟捌佰叁拾玖元捌角肆分				（小写） ¥5 839.84		

销售方	名　　称：临江市开发区电力公司 纳税人识别号：648654923658103587 地 址、电 话：临江市经济技术开发区虹桥路 32 号 0439-58205641 开户行及账号：工行临江市和平路支行 1102028909965321478	备注	临江市开发区电力公司 648654923658103 发票专用章

收款人：李海露　　复核：段虹桥　　开票人：张锐　　销售方：（章）

第三联：发票联　购买方记账凭证

图 3-70　增值税专用发票(发票联)

水电费用分配表

2021 年 12 月 30 日　　　　金额单位：元

应借科目		水费			电费			合计（元）
总账科目	成本项目	用水吨数	分配率	金额	用电度数	分配率	金额	
管理费用	水电费	4		18.00	205		164	182.00
制造费用	水电费	30		135.00	6 095		4 876	5 011.00
销售费用	水电费	4	4.50	18.00	160	0.80	128	146.00
合计		38		171.00	6 460		5 168.00	5 339.00

制表：吕凤　　　　审核：丁一

图 3-71　水电费用分配表

工资费用分配表

2021 年 12 月 30 日　　　　金额单位：元

应借科目			分配计入		直接计入	合计
总账及二级科目	明细科目	成本或费用项目	产量	应分配材料费用		
生产成本	办公桌椅	直接人工	690 套		30 700.00	30 700.00
	实木沙发	直接人工	50 套		9 300.00	9 300.00
	小计				40 000.00	40 000.00
制造费用	基本生产车间	工资			2 400.00	2 400.00
管理费用		工资			14 600.00	14 600.00
销售费用		工资			5 200.00	5 200.00
合计					22 200.00	62 200.00

制表：吕凤　　　　审核：丁一

图 3-72　工资分配表

费 用 报 销 单

部门：行政办公室　　　　2021 年 12 月 30 日　　　　编号：002

开支内容	金额	结算方式
电话费	220.00	1. 冲借款______元
		2. 转账______元
		3. 汇款______元
		4. 现金付讫 ￥220.00 元
合计：（大写）人民币贰佰贰拾元整		现金付讫

附单据 1 张

会计主管：丁一　　单位负责人：张胜利　　出纳：王宁　　经办人：张胜利

图 3-73　费用报销单(一)

费 用 报 销 单

部门：生产部　　2021 年 12 月 30 日　　编号：003

开支内容	金额	结算方式
电话费	160.00	1. 冲借款______元
		2. 转账______元
		3. 汇款______元
		4. 现金付讫 ￥160.00 元
合计：（大写）人民币壹佰陆拾元整		现金付讫

附单据 1 张

会计主管：丁一　　单位负责人：张胜利　　出纳：王宁　　经办人：覃胜

图 3-74　费用报销单（二）

制造费用分配表

2021 年 12 月 31 日　　金额单位：元

分配对象	分配标准(生产工人工资)	分配率	分配金额
办公桌椅	30 700.00		9 363.50
实木沙发	9 300.00	0.305	2 836.50
合计	40 000.00		12 200.00

制表：吕凤　　审核：丁一

图 3-75　制造费用分配表

完工产品成本汇总表

2021年12月31日　　金额单位：元

产品名称	计量单位	产量	直接材料	直接人工	制造费用	总成本	单位成本
办公桌椅	套	690.00	540 330.00	30 700.00	9 363.50	580 393.50	841.15
实木沙发	套	50.00	110 670.00	9 300.00	2 836.50	122 806.50	2 456.13
合 计			651 000.00	40 000.00	12 200.00	703 200.00	

制表：吕凤　　审核：丁一

图 3-76　完工产品成本计算表

托收凭证（汇款依据或收款通知）

委托日期 2021 年 12 月 25 日　付款期限 2021 年 12 月 30 日

业务类型	委托收款（□邮划、☑电划）			托收承付（□邮划、□电划）		
付款人	全称	阳光办公家具有限公司	收款人	全称	立信办公家具有限公司	
	账号	36829100979273		账号	1102027654321234567	
	地址	临江市经开区　开户行　工行		地址	临江市经开区　开户行　工行	
金额	人民币（大写）	贰万叁仟肆佰元整		千百十万千百十元角分	¥ 2 3 4 0 0 0 0	
款项内容	销售办公桌椅款	托收凭据名称	银行承兑汇票	附寄单证张数	2	
商品发运情况	已发运		合同名称号码	857886578		
备注： 复核　记账			上列款项已收回划入你方账户。 中国工商银行股份有限公司 和平路支行 2021.12.30 票据受理专用章 收妥抵用 收款人开户银行签章 2021 年 12 月 30 日			

图 3-77　托收凭证收账通知

（38）12 月 31 日，结转本月已售产品成本，具体如图 3-78 至图 3-81 所示。

出 库 单

2021 年 12 月 08 日

收货单位：阳光办公家具

编 号	种 类	产 品 名 称	规 格	型号	出库数量	单位	单 价	成本总额
		办公桌椅			250	套		
备 注	销售					合 计		

第二联 交财务科

负责人：张胜利　记账：　收货人：　填单：李欢

图 3-78　出库单（一）

出 库 单

2021 年 12 月 13 日

收货单位：阳光办公家具

编 号	种 类	产 品 名 称	规 格	型号	出库数量	单位	单 价	成本总额
		办公桌椅			20	套		
		木沙发			3	套		
备 注	销售					合 计		

第二联 交财务科

负责人：张胜利　记账：　收货人：　填单：李欢

图 3-79　出库单（二）

出库单

2021 年 12月 27 日

收货单位：红太阳公司

编号	种类	产品名称	规格	型号	出库数量	单位	单价	成本总额
		办公桌椅			400	套		
		木沙发			40	套		
备注		销售				合计		

第二联 交财务科

负责人：张胜利　记账：　收货人：　填单：李欢

图 3-80 出库单(三)

产品销售成本计算表

编制单位：立信办公家具有限公司　2021 年 12 月 31 日　金额单位：元

产品名称	期初结存			本期完工入库			本期销售		
	数量	单位成本	总成本	数量	单位成本	总成本	数量	单位成本	总成本
办公桌椅	150	841.15	126 172.50	690	841.15	580 393.50	670	841.15	563 570.50
实木沙发	5	2 456.13	12 280.65	50	2 456.13	122 806.50	43	2 456.13	105 613.59
合计	—	—	138 453.15	—	—	703 200.00	—	—	669 184.09

图 3-81 产品销售成本计算表

(39) 12 月 31 日，计算本月应交增值税，具体如图 3-82 所示。

应交增值税计算表

2021 年 12 月 31 日　单位：元

项目		税额	备注
当期销项税额		128 050.00	
当期进项税额	进项税额发生额	16 481.23	
	进项税额转出额		
应纳税额		¥111 568.77	

制单：吕凤　审核：丁一

图 3-82 应交增值税计算表

(40) 12 月 31 日，计算本月城市维护建税、教育费附加及地方教育附加，具体如图 3-83 所示。

(41) 12 月 31 日，根据全年已发放个人福利提取福利费，具体如图 3-84 所示。

(42) 12 月 31 日，结转收入、利得；费用、损失(可不附原始凭证)。

(43) 12 月 31 日，计算并结转本月应预缴所得税(不考虑纳税调整事项，结转所得税费用可不附原始凭证)。企业所得税计算表，如图 3-85 所示。

应交城市维护建设税和教育费附加计算表

2021年12月31日　　　　金额单位：元

项目	计税基数				比例	计提金额
	应交增值税	消费税		合计		
城市维护建设税	111 568.77				7%	7 809.81
教育费附加	111 568.77				3%	3 347.06
地方教育附加	111 568.77				2%	2 231.38
合计						¥13 388.25

审核：丁一　　　　制表：吕凤

图 3-83　城市维护建设税、教育费附加及地方教育费附加计算表

福利费计提表

2021 年 12 月 31 日　　　　单位：元

本月末止累计使用数	累计已计提数	本月需计提数
400.00	0	400.00

审核：丁一　　　　制表：吕凤

图 3-84　福利费计提表

企业所得税计算表

2021 年 12 月 31 日　　　　单位：元

项　目	行　次	金　额
利润总额本年累计数	1	937 478.56
企业所得税率	2	25%
应纳税额本年累计数	3	234 369.64
已预缴应纳税额	4	169 867.22
本期应预缴应纳税额	5	64 502.42

制表：吕凤　　　　审核：丁一

图 3-85　企业所得税计算表

(44) 12 月 31 日，结转“本年利润”(可不附原始凭证)。

(45) 12 月 31 日，按全年实现净利润的 10%提取法定盈余公积金，5%提取任意盈余公积，向投资者分配利润 420 000 元。具体如图 3-86 至图 3-88 所示。

(46) 12 月 31 日，结转“利润分配”明细账。(可不附原始凭证)

税后利润分配决定

临江市立信办公家具有限公司截止 2021年12月31日,全年实现净利润700 000元，按《中华人民共和国公司法》规定，决定进行税后利润分配如下：

1、按照净利润的 10%提取法定盈余公积。

2、按照净利润的 5%提取任意盈余公积。

3、向投资者分配净利润 420 000 元，根据张灵芳追加投资前的比例(张胜利 60%，张灵芳 40%）进行分配。

张胜利印　张灵芳印　立信办公家具有限公司股东会

2021 年 12 月 31 日

图 3-86　利润分配决定

盈余公积计算表

2021 年 12 月 31 日　　　　单位：元

项　　目	计提比例	金　　额
全年净利润	—	700 000.00
法定盈余公积	10%	70 000.00
任意盈余公积	5%	35 000.00

审核：丁一　　　　制单：吕凤

图 3-87　盈余公积计算表

应付投资者利润计算表

2021 年 12 月 31 日　　　　单位：元

项　　目	计提比例	金　　额
向投资者分配净利润	—	420 000.00
张胜利	60%	252 000.00
张灵芳	40%	168 000.00

审核：丁一　　　　制单：吕凤

图 3-88　应付投资者利润计算表

附录一　综合技能训练参考答案

1. 借：应付账款——佳多木材　　234 000
　　贷：银行存款　　234 000

2. 借：库存现金　　10 000
　　贷：银行存款　　10 000

3. 借：其他应收款——王业　　4 000
　　贷：库存现金　　4 000

4. 借：银行存款　　2 000 000
　　贷：实收资本——张灵芳　　200 000

5. 借：银行存款　　200 000
　　贷：短期借款　　200 000

6. 借：销售费用　　6 000
　　应交税费——应交增值税（进项税额）　　360
　　贷：银行存款　　6 360

7. 借：银行存款　　117 000
　　贷：应收账款——阳光办公家具有限公司　　117 000

8. 借：短期借款　　60 000
　　财务费用　　2 700
　　贷：银行存款　　62 700

9. 借：应付职工薪酬——工资　　61 400
　　贷：银行存款　　61 400

10. 借：银行存款　　339 000
　　贷：主营业务收入——办公桌椅　　300 000
　　　　应交税费——应交增值税（销项税额）　　39 000

11. 借：原材料——杉木指接板　　96 000
　　　　　　——密度板　　12 000
　　应交税费——应交增值税（进项税额）　　14 004
　　贷：应付票据——佳多木材厂　　121 023
　　　　库存现金　　981

12. 借：原材料——油漆　　9 000
　　应交税费——应交增值税（进项税额）　　1 170
　　贷：银行存款　　10 170

13. 借：管理费用——办公费	832	
制造费用——办公费	800	
贷：库存现金		1 632
14. 借：应收账款——甲丁木材加工厂	10 170	
贷：其他业务收入——让售材料		9 000
应交税费——应交增值税(销项税额)		1 170
15. 借：应收票据——多禾计算机培训学校	40 680	
贷：主营业务收入——实木沙发		12 000
——办公桌椅		24 000
应交税费——应交增值税(销项税额)		4 680
16. 借：库存现金	10	
贷：待处理财产损溢——待处理流动资产损益		10
17. 借：应交税费——未交增值税	131 206.60	
——应交城市维护建设税	9 184.46	
——应交教育费附加	3 936.20	
——应交地方教育费附加	2 624.13	
贷：银行存款		146 951.39
18. 借：待处理财产损溢——待处理流动资产损益	10	
贷：营业外收入——盘盈		10
19. 借：原材料——辅助材料	1 700	
贷：营业外收入——捐赠收入		1 700
20. 借：销售费用——差旅费	2 000	
贷：其他应收款——林同		1 500
库存现金		500
21. 借：固定资产	2 000	
应交税费——应交增值税(进项税额)	260	
贷：应付账款——红太阳有限责任公司		2 260
22. 借：营业外支出——罚没支出	200	
贷：银行存款		200
23. 借：待处理财产损溢——待处理流动资产损溢	80	
贷：库存现金		80
24. 借：其他应收款——王宁	40	
营业外支出——盘亏损失	40	
贷：待处理财产损溢——待处理流动资产损溢		80
25. 借：应付职工薪酬——职工福利	200	
贷：库存现金		200
26. 借：待处理财产损溢——待处理流动资产损溢	640	

——待处理固定资产损溢	2 000	
贷：原材料——杉木指接板		640
固定资产——生产用设备		2 000
借：周转材料——低值易耗品	316	
贷：待处理财产损溢——待处理流动资产损溢		316
27. 借：待处理财产损溢——待处理流动资产损溢	316	
贷：营业外收入——盘盈利得		316
借：营业外支出——盘亏损失	2 448	
其他应收款——李欢	192	
贷：待处理财产损溢——待处理流动资产损溢		640
——待处理固定资产损溢		2 000
28. 借：应付账款——红太阳有限责任公司	723 200	
贷：主营业务收入——办公桌椅		480 000
——实木沙发		160 000
应交税费——应交增值税(销项税额)		83 200
29. 借：制造费用——折旧费	2 223	
管理费用——折旧费	3 876	
贷：累计折旧		6 099
30. 借：在途物资——辅助材料	1 900	
贷：银行存款		1 900
31. 借：生产成本——办公桌椅	540 330	
——实木沙发	110 670	
制造费用——机物料消耗	1 600	
其他业务成本——让售材料成本	8 000	
贷：原材料——杉木指接板		492 160
——密度板		156 400
——油　漆		10 440
——辅助材料		1 600
32. 借：管理费用	182	
销售费用	146	
制造费用	5 011	
应交税费——应交增值税(进项税额)	687.23	
贷：银行存款		6 026.23
33. 借：生产成本——办公桌椅	30 700	
——实木沙发	9 300	
制造费用	2 400	
管理费用	14 600	

销售费用 5 200

贷：应付职工薪酬——工资 62 200

34. 借：管理费用 220

制造费用 166

贷：库存现金 386

35. 借：生产成本——实木沙发 2 836.5

——办公桌椅 9 363.5

贷：制造费用 12 200

36. 借：库存商品——办公桌椅 580 393.5 备注：单位成本为 841.15 元

——实木沙发 122 806.5 备注：单位成本为 2 456.13 元

贷：生产成本——办公桌椅 580 393.5

——实木沙发 122 806.5

37. 借：银行存款 23 400

贷：应收票据——阳光办公家具有限公司 23 400

38. 借：主营业务成本——办公桌椅 563 570.5

——实木沙发 105 613.59

贷：库存商品——办公桌椅 563 570.5

——实木沙发 105 613.59

39. 进项税额=360+14 004+1 170+260+687.23=16 481.23 元

销项税额=39 000+1 170+4 680+83 200=128 050 元

应交增值税=128 050−16 481.23=111 568.77 元

借：应交税费——应交增值税(转出未交增值税) 111 568.77

贷：应交税费——未交增值税 111 568.77

40. 借：税金及附加 13 388.25

贷：应交税费——应交城市维护建设税 7 809.81

——应交教育费附加 3 347.06

——应交地方教育费附加 2 231.38

41. 借：管理费用 400

贷：应付职工薪酬——职工福利 400

42. 结转收入

借：主营业务收入 976 000

其他业务收入 9 000

营业外收入 2 026

贷：本年利润 987 026

结转费用

借：本年利润 729 016.34

贷：主营业务成本 669 184.09

其他业务成本		8 000
税金及附加		13 388.25
销售费用		13 346
管理费用		19 710
财务费用		2 700
营业外支出		2 688

43. 本月利润总额 = 987 026 − 729 016.34 = 258 009.66 元

借：所得税费用	64 502.42	
贷：应交税费——应交所得税		64 502.42
借：本年利润	64 502.42	
贷：所得税费用		64 502.42

44.

借：本年利润	700 000	
贷：利润分配——未分配利润		700 000

45.

借：利润分配——提取法定盈余公积	70 000	
——提取任意盈余公积	35 000	
——应付利润	420 000	
贷：盈余公积——法定盈余公积		70 000
——任意盈余公积		35 000
应付利润——张胜利		252 000
——张灵芳		168 000

46.

借：利润分配——未分配利润	525 000	
贷：利润分配——提取法定盈余公积		70 000
——提取任意盈余公积		35 000
——应付利润		420 000

附录二　会计知识链接

《会计基础工作规范》

《会计档案管理办法》

《企业和其他组织会计档案保管期限表》

《财政总预算、行政单位、事业单位和税收会计档案保管期限表》